AUTOUR DU MONDE

PAR

PAUL BRANDA

PARIS

LIBRAIRIE FISCHBACHER

SOCIÉTÉ ANONYME

33, RUE DE SEINE, 33

AUTOUR
DU MONDE

OUVRAGES DU MÊME AUTEUR

Contre Vent et Marée. . . . .   3 fr. 50
Lettres d'un Marin.   3   50
Les trois Caps, journal de bord. 1 vol. in-18. . . .   3   50
Réflexions diverses. Ire série 1 vol. in-18. . . .   1   »
    —   IIe   —   1   »
    —   IIIe   —   1   »
    —   IVe   —   1   »
En mer. 1 vol. in-12   1   »
Récits et Nouvelles. 1 vol. in-12   1   »
Mers de l'Inde. 1 vol. in-18   2   »
Mers de Chine. 1 vol. in-18   2   50
Un jour a Monaco. 1 vol. in-18.   1   »
A Barcelone. 1 vol. in-18.   1   »
Pouvoir spirituel et Pouvoir temporel,
    brochure in-12. . . . .   »   60
La Représentocratie, brochure in-8.   1   »
De la République Constitutionnelle. —
    Calhoun. — Étude sur le gouvernement des États-Unis,
    brochure in-12 . . . .   »   50
La République rurale. 1 vol. in-12   1   50
République et Gouvernement en province,
    brochure in-8°. . . . .   »   75
Liberté départementale, brochure in-8°. . . .   »   30
Commune et République, brochure in-8°. . . . .   »   50
Communeux, brochure in-8°. . . . .   »   40
Monarchie et République, brochure in-12. . .   »   50
L'Assemblée perpétuelle, brochure in-12. . . .   »   40
Les droits de l'homme, brochure in-12 . . . . .   »   80
La Religion et l'Instruction aux États-
    Unis, brochure in-12. . . . .   »   50
La Démocratie et la Liberté, brochure. . .   »   50
La Colonne, brochure in-8°. . . . .   »   25

AUTOUR DU MONDE

PAR

PAUL BRANDA

J'ai fait trois fois le tour du monde.
(Les Cloches de Corneville.)

PARIS

LIBRAIRIE FISCHBACHER

SOCIÉTÉ ANONYME

33, RUE DE SEINE, 33

—

1884

*Entre ciel et mer, j'ai laissé ma plume
courir à sa fantaisie.*

AUTOUR DU MONDE

TÉNÉRIFFE

En mer, 5 juin 1882.

La veille de mon départ de Ténériffe, j'ai fait une promenade à Laguna, que je visitais il y a trente ans.

En fouillant mes vieux papiers, je retrouve le brouillon d'une lettre écrite à mon ami Ernest, il y a trente ans.

L'écriture est fine, j'écrivais alors sans lunettes. L'encre et le papier ont jauni.

Ernest est mort, c'était mon ami d'enfance, et cette mort a laissé dans ma vie un vide que rien ne comblera. Sous son front élevé, large et uni s'abritait une calme et noble intelligence. Il avait surtout un ferme bon sens, chose si rare... Depuis qu'il n'est plus, je me sens mutilé.

Il m'en souvient, quand j'entrai dans son cabinet, il ferma son livre.

Sur la couverture jaune, je lus en grosses lettres : *Le lendemain de la mort*... Il venait de perdre un enfant.

— Qu'est cela? lui demandai-je.

— Un ouvrage assez indigeste de Louis Figuier, renfermant d'ailleurs de belles pages... Je respecte la pensée qui le dicta, car ces lignes ont été écrites par un père, sous le coup de la perte de son fils, et cherchant des consolations dont je sens aussi le besoin. Au fond, ces idées me semblent justes. Nous ne pouvons fixer irrévocablement ici-bas notre destinée future. Je comprends les matérialistes et le *post mortem nihil* de César, mais des spiritualistes damnant des gens pour l'éternité me paraissent bien inconséquents, c'est rendre Dieu exécrable. Nous vivons trop peu et dans des circonstances trop difficiles pour mériter en ce monde des tourments sans rachat possible. La doctrine de Louis Figuier, par laquelle tous les êtres de la création sont appelés à un développement éternel, me semble digne de la Bonté créatrice.

— C'est un retour à la noble et forte doctrine de nos pères, les plus braves des mortels... Aussi, pendant la période de la plénitude de leur foi, étendirent-ils leur puissance de la Grande-Bretagne à l'Asie Mineure.

— Oui, une grande idée incarnée suffit pour

faire un grand peuple... Une nation qui ne personnifie pas une noble pensée est un corps sans âme.

Il était trois heures de l'après-midi quand nous devisions ainsi sur la mort.

— Le premier de nous qui mourra, me dit-il en souriant, viendra dire à l'autre comment on vit là-bas.

— Je te le jure, lui dis-je très sérieusement.

— Et moi aussi, reprit-il, entraîné par mon ton convaincu.

A cinq heures du soir, il tombait frappé d'apoplexie.

Je passai près de lui la nuit entière.

Evidemment l'âme humaine avait déjà pris son vol, mais la bête râla longtemps encore... enfin la flamme de la vie animale s'éteignit à son tour.

Toute la nuit je prêtai vainement l'oreille.

Non, les morts ne peuvent correspondre avec les vivants ; sans cela, mon ami Ernest m'aurait divulgué le grand mystère.

Quand j'écrivis ces lignes, sur lesquelles je ne puis jeter les yeux sans mélancolie, j'étais embarqué sur l'*Ardent* avec de braves gens émigrés aujourd'hui, pour la plupart, dans des mondes meilleurs.

D'abord notre excellent et brave commandant, qui possédait l'art de se faire tout à la fois aimer et craindre, le type de l'honneur et de la loyauté, esprit ouvert, gentilhomme démocrate, religieux libéral, bon catholique pour plaire à sa femme.

Puis Sarran, notre second; Kernoter, notre médecin, qui ne manqua pas l'occasion de nous jouer une farce.

Son premier pèlerinage, bien entendu, fut pour le café, où il fêta fortement le vin de Ténériffe, un vin traître, Dieu sait, comme une lame de couteau sicilien... ce qui le rendit encore plus expansif et plus franc-maçon... car il était bien le plus zélé maçon de tout l'Orient de France et d'Écosse. Au café, dans la rue, il prodigua les signes de reconnaissance maçonnique, et eut cette chance de récolter pas mal de frères, qu'il invita à la fête offerte par l'*Ardent* à la plus aimable société de Santa-Cruz.

Des pavillons tendus sous les tentes transforment l'arrière en salle de bal, ornée de trophées, d'armes et de feuillages; des lustres, faits de sabres et de pistolets portant des bougies dans leurs canons, illuminent des yeux très noirs et des épaules très blanches... les violons s'accordaient à l'entrée des francs-maçons... les frères jettent un regard dédaigneux sur cette assemblée de profanes, tournent les talons et, d'un pas digne, se rendent à l'office se griser avec les domestiques.

Et moi aussi j'étais maçon!

Je ne reconnus pas mes frères... c'est ma

première infidélité au Temple... Puisse le Grand Architecte de l'Univers me la pardonner !

A notre arrivée aux Antilles, la fièvre jaune enleva Sarran... Il fut la première, mais non la seule victime du fléau.

Ce n'était point un homme vulgaire, ce Sarran, voué à l'étude des institutions de Lycurgue et des Commentaires de César. Il était l'incarnation du fanatisme guerrier. Mourir de maladie lui fut cruel ; frappé d'une balle, il serait mort radieux. Tremper son âme, endurcir son corps étaient les deux grandes occupations de sa vie. Dans sa minuscule chambre de bord, vêtu du costume élémentaire dans lequel luttaient les jeunes Lacédémoniennes, chaque jour il se livrait à deux heures d'exercice gymnastique ; puis il montait sur le pont et faisait, à tour de rôle, avec chacun de nous le plus d'escrime possible ; ensuite venait le maniement d'armes avec le fusil réglementaire ; enfin, il se reposait par la lecture des Commentaires. N'importe où nous abordions, il partait en promenade avec un sac de soldat sur le dos, sac consciencieusement rempli de pierres au poids de la charge du soldat romain. En pays français, au sac de soldat, il joignait le fusil d'infanterie. Jamais je n'ai vu pratiquer un si parfait dédain pour les délicatesses de la vie.

Pauvre Sarran !... il avait le pressentiment de nos hontes... il n'y aurait pas survécu.

Kernoter, suivant son expression favorite, est allé *siffler avec les anges* ; le pauvre Breton est mort de la poitrine à Pau, j'y ai cherché en vain sa tombe... du joyeux buveur, il ne reste plus trace sur la terre, si ce n'est dans le souvenir de deux ou trois amis.

Le cognac, disait-il, soutient l'homme jusqu'à ce qu'il l'abatte... le cognac l'a quelque temps soutenu, puis un beau jour l'a abattu.

C'était bien le meilleur des hommes.

Pendant l'épidémie de fièvre jaune, jour et nuit sur pieds, il avait pour ses malades des tendresses de mère... et toujours imperturbablement gai dans cette terrible lutte contre la mort. Il aimait ses malades, ses malades l'aimaient... A ceux qu'il n'a pu sauver, il a du moins rendu la mort douce. Jamais je n'ai vu couvrir, sous le voile de l'insouciance, tant de courage et de bonté. Jamais je n'ai vu, avec aussi peu de sérieux apparent, faire aussi héroïquement son devoir... Imaginez la sœur de charité légendaire dans la robe de Rabelais.

On voit les choses quelque peu différemment à trente ans de distance !... Tandis que notre ami Kernoter étudiait à fond — de bouteille — les liquides de tous les pays où nous passions — sauf l'eau, bien entendu, — je faisais un examen non moins consciencieux des nymphes de toutes races et de toutes couleurs, ainsi qu'il ressort de ce fragment de lettre :

Ténériffe, 10 mai 1852.

« Au moment où nous mettons pied à terre,
« une nuée de mercures galants nous abasour-
« dit... on se sent en Espagne. »

Il n'en est plus de même aujourd'hui... A mon
aspect, Mercure s'enfuit à tire-d'aile.

« Par le nombre des messagers d'amour, on
« juge l'île féconde en dames au cœur compa-
« tissant.

« Un de nos guides nous conduit chez une
« superbe brune, type achevé de la beauté es-
« pagnole : des yeux longs comme le doigt,
« humides et brillants — de la flamme se jouant
« dans du jais — des yeux mendiant l'amour.
« Coquettement vêtue de couleurs claires, une
« rose jaune dans ses noirs cheveux ondés,
« elle se balançait dans un de ces fauteuils
« oscillants que devraient adopter les paresseux
« de tous pays.

« Cette perle, au dire de Mercure, était une
« fiancée de qualité à la veille de ses noces.

« J'admirais ses mains finement gantées.

« C'est si joli, sans gants, une jolie main de
« femme... je la priai de les tirer.

« Elle refusa d'abord.

« Et je pensai en moi-même : si sa modestie
« ne lui permet pas de tirer ses gants...

« Sur mes instances, elle céda enfin... Quand
« elle fut dégantée, Kernoter lui prit la main,

« la regarda attentivement et me dit d’un ton
« doctoral :

« — *Acarus scabiai.*

« Je le regarde stupéfait.

« — Je vous jure, reprit-il, que la belle a la
« gale.

« Bienfaisante gale !... Elle sauva mon âme
« d’un grand péché et mon corps d’un grand
« danger. »

A cette époque, j’avais pour la chasse une
passion désordonnée. Toutes les belles du monde
ne m’auraient pas fait manquer une partie de
chasse... il m’a fallu dire adieu même à ce plaisir. Quelle est, chez nous autres civilisés, l’origine de ce goût barbare, sinon, par un phénomène d’atavisme, une rechute vers les appétits
sanguinaires de nos premiers parents. Le sauvage vit toujours en nous, nous sommes tous
encore, au fond, cruels et fétichistes. La civilisation a beau nous amollir et nous museler, le
fauve saisit toutes les occasions pour rompre sa
chaîne.

La tête échauffée par la description des bois
de lauriers de Ténériffe, je décidai une excursion aux environs de Laguna.

Je reprends mon vieux brouillon de 1852.

« A cinq heures du matin, armé jusqu’aux
« dents, comme pour combattre le tigre, je me

« jetai dans une voiture traînée par quatre
« mules et commençai à gravir la montagne
« par l'intermédiaire de leurs fines et nerveuses
« jambes de cerf.

« L'imagination s'effraye devant la puissance
« des forces souterraines et l'effroyable lon-
« gueur de temps nécessaire pour construire,
« par un amoncèlement successif de laves et
« de scories, ce prodigieux pic de Ténériffe, ré-
« puté longtemps le point le plus élevé du
« globe. Bien qu'il n'atteigne guère que le tiers
« du Kidchinja, je doute qu'il existe rien de
« plus imposant. Le Kidchinja, le Chimborazo
« ont pour piédestal de hautes montagnes, la
« base fait ici les trois quarts de la valeur du
« monument. Le pic, lui, s'élève de l'Océan
« dans son fier isolement, unique dans la mer
« comme le soleil dans le firmament. De pro-
« fonds ravins sillonnent les flancs du cône.
« Cimes aiguës, crêtes acérées s'étagent, se
« superposent dans un formidable désordre,
« suivant les caprices de la toute-puissante na-
« ture ; les rouges dentelures semblent brûler
« encore du feu de la fournaise... Tous ces bou-
« leversements gigantesques se perdent dans la
« forme générale du colosse, comme à quelques
« pas disparaissent les rides du visage d'un
« vieillard.

« Grâce au climat, des sources de richesses
« jaillissent de ces rochers arides. Les cactus,

« chargés d'une neige de cochenille (on les di-
« rait vraiment blanchis à la chaux par ces
« myriades d'insectes), croissent vigoureuse-
« ment entre les pierres dénudées, étalant leurs
« grandes fleurs rouge-orangé. Le blé pousse
« là aussi, on ne sait trop pourquoi, donnant
« de beaux épis sur une paille chétive.

« Mes mules écumantes montent courageu-
« sement des rampes, dont nous n'avons même
« pas l'idée dans le Huelgoat. A cette heure
« matinale, des files de chameaux descendent,
« portant au marché légumes, fruits et fleurs,
« balançant leur tête au bout de leur long cou
« et louvoyant pour descendre les pentes. Qui
« leur a révélé cette propriété des zigzags ?...
« L'homme a mis du temps à les découvrir.
« Ces chameaux font d'instinct ce qu'auraient
« dû faire les ingénieurs de la route. Y aurait-il
« plus d'astuce dans la tête d'un chameau que
« dans celle d'un ingénieur ?

« Pendant une montée de deux heures, fort
« pénible pour les mules, je plaignis plus d'une
« fois ces pauvres victimes du péché d'Adam.
« Car, sans le péché d'Adam, il n'y aurait ni
« voitures ni mules... pas même la mule du
« pape, puisqu'il n'y aurait pas de pape.

« Enfin voici le plateau de Laguna — chan-
« gement de décor à vue. Ce n'est plus ce sol
« de la côte, où l'on s'attend à voir s'échapper
« des flammes entre les pierres calcinées. Au

« pied de hautes montagnes se déroule en plaine
« un tapis de riches moissons d'un vert admi-
« rable — tant la différence de température
« entre Santa-Cruz et Laguna correspond bien
« à la différence d'altitude. Autour de Santa-
« Cruz, la moisson est faite; à mi-hauteur, la
« paille est jaune et le grain presque mûr; à
« Laguna tout est vert. Ici on respire un air
« frais, pur et léger. Les habitants de Laguna
« contemplent les gens de Santa-Cruz comme,
« du haut du ciel, les bienheureux regardent
« les âmes du purgatoire.

« De tous côtés retentit le chant des cailles.
« Mais les entendre n'est pas les voir. Elles
« ramagent à mes oreilles : Paie tes dettes!...
« Paie tes dettes!...

« Mordieu, leur répondis-je, impatienté de
« cette plaisanterie monotone, si je suis ici,
« c'est bien pour cela. Vous ne savez donc pas,
« sottes bêtes, que tout marin navigue pour
« payer son tailleur. Nous ne sommes plus au
« temps où l'on cueillait sa culotte sur un figuier.
« Il faut des culottes, et la Providence n'a pas
« encore créé l'arbre à culottes. Que ne suis-je
« tailleur, au lieu d'être marin!... Je resterais
« tranquille près de ma femme, je ferais navi-
« guer les autres, et je ramasserais leur argent...
« Au lieu de cela, je suis sans le sou et sans
« femme. Les tailleurs et les modistes ont seuls
« profité du péché d'Adam. Saint Thomas

« d'Aquin, l'ange de l'école, dans sa Somme —
« ainsi nommée parce qu'on ne peut le lire
« sans somme — affirme même que Satan est
« un tailleur, lequel incita nos premiers parents
« à manger la pomme dans le but de culotter
« l'humanité. Saint Augustin pensait manifes-
« tement aux modistes et tailleurs quand il dit :
« Bienheureuse faute !...

« Et les cailles de ricaner : Paie tes dettes !...
« Paie tes dettes !...

« Ah ! pensai-je, si j'avais mon vieux Ralph,
« qui a le nez si fin, le vieux mâtin, je vous
« ferais bien lever, péronnelles... et, dans ma
« carnassière, vous ne vous ririez plus de moi.

« Un chemin bordé de cactus et de rosiers
« me conduit, à travers la plaine, au pied de la
« montagne aux lauriers.

« Longtemps j'erre en vain sous leur voûte
« séculaire, aucun frémissement dans les brous-
« sailles ne signale la présence d'un fauve...
« Dans les lauriers, silencieux comme des vieil-
« lards moroses (ils sont, pour la plupart, si
« âgés — nombre d'entre eux sont tombés en
« enfance), aucun chant d'oiseaux ne répond
« au gazouillement des cascatelles.

« Pas un coup de fusil à tirer... Dans l'ombre
« solennelle des bois se dresse le fantôme na-
« vrant de la bredouille.

« Des torrents descendent dans les ravines
« aussi écumeux que mes mules dans leur ascen-

« sion, mais beaucoup plus rapides... Pourquoi
« ces torrents, comme des fous qu'ils sont,
« courent-ils avec tant d'impatience s'absorber
« dans la mer, au lieu de garder leur joyeuse
« individualité dans la montagne?... Ainsi tou-
« jours impatients du lendemain, par dégoût du
« présent, par horreur de la veille, nous hâtons-
« nous vers l'océan du Grand-Tout... mais notre
« vie à nous est triste ; au contraire, il est doux
« de bondir librement à l'ombre des lauriers.

« Je m'assis pensif — la bredouille rend pen-
« sif et conduit à des réflexions salutaires sur
« le néant des vanités humaines — sous cet
« ombrage aussi impénétrable aux rayons du
« soleil que les forêts de Calypso. Des plantes
« grimpantes embrassent les troncs moussus
« des lauriers, se jouent dans leur feuillage et
« s'élancent sur les branches des arbres d'alen-
« tour. Ces lianes ne peuvent se contenter d'un
« amour unique. Après avoir enlacé leur époux
« d'une voluptueuse étreinte, elles quêtent des
« baisers aux voisins. Ce sont des courtisanes
« mariées.

« Ces amours des lianes et des lauriers —
« manifestement symbolisées par les frasques
« de Vénus et de Mars — me mettent en mé-
« moire une secte des États-Unis où l'on pratique
« l'*amour complexe*... L'amour complexe!... voilà
« un mot bien trouvé ; nos moralistes, qui ne
« sont pas poètes, appellent cela de la promis-

« cuité. Les lianes pratiquent l'amour complexe.

« Décidément, j'étais bredouille.

« Il me fallut retraverser la plaine sous le
« feu des moqueries des cailles railleuses :

« Paie tes dettes !... Paie tes dettes !...

« Je n'avais cependant pas fait cette ascension
« pour penser à mes créanciers.

« Les mules redescendirent au grand galop
« à Santa-Cruz, déboulant à leur tour comme
« des torrents.

« Pendant mon absence, on avait organisé
« la fête.

« Le soir, au nom du navire, je vais inviter
« les officiers d'une corvette à vapeur anglaise
« qui vient de mouiller. On m'accueille cordia-
« lement.

« Quand je reviens avec nos invités, le cham-
« pagne coule à flots. Les violonistes, excités
« par des libations, raclent avec furie. Les yeux
« des femmes pétillent comme le champagne,
« et les roses de leur teint passent au coqueli-
« cot. Je dis les choses les plus aimables à une
« jolie brune, mettant à son service tout mon
« bagage d'espagnol; elle ne m'en laisse pas
« moins en plan pour danser une habanera avec
« son mari — on aime beaucoup son mari dans
« ce pays-là — j'avais fait mes offrandes d'en-
« cens à une lune de miel !... Elle était char-
« mante, suspendue au cou de son mari, le dévo-
« rant du regard. Grisée d'amour, de habanera,

« de champagne, quand elle passe en tournant
« près du grand mât, croyant ne pouvoir être
« vue, elle se lève sur la pointe du pied et baise
« les lèvres de son danseur.

« Ce baiser me mordit au cœur.

« Mes lèvres, à moi, sont vierges du baiser
« d'une femme aimée... Moi aussi, j'aime...
« j'aime jusqu'à la démence d'un amour mal-
« heureux... il me poursuit dans tous les points
« du globe, et me déchire dans les forêts du
« nouveau monde comme dans l'orgie où je
« cherche parfois un remède à ma douleur.

« Pourquoi suis-je parti?... Pour fuir une
« femme et payer mon tailleur.

« Ce baiser me rend tout mélancolique, il
« soulève, dans ma pauvre âme endolorie, toute
« une tempête de pensées noires comme un grain
« de sud-ouest dans une nuit d'hiver.

« Allons boire avec les Anglais...

« Terrible fut le choc. Je portai haut notre
« étendard dans l'ouragan de la bataille; la vic-
« toire, enfin, nous reste... tous les fils d'Albion
« tombent, hors un seul. Ainsi, dans les com-
« bats de l'antiquité, tous les guerriers d'une
« armée succombent frappés par devant, excepté
« celui qui va porter la funèbre nouvelle.

« Mais le champagne ne peut éteindre l'in-
« cendie allumé dans mon sein par le baiser de
« la jeune mariée.

« Notre beau monde congédié, pour terminer

« la nuit, nous descendons visiter une société
« charmante, plus recommandable par les grâ-
« ces que par les vertus. Là, nous recommen-
« çons une habanera tourbillonnante, écheve-
« lée, une vraie ronde de sabbat, avec une dou-
« zaine de métisses andalouses — gouanches
« — vierges au dire de Mercure — toujours
« vierges, les femmes de ce pays-là... Ont-elles
« de la chance.

    « Aucune d'elles n'avait la gale... »

. . . . , ...

Il y a trente ans, j'écrivais ces folies; aujour-
d'hui je chausse mes lunettes pour les lire.

J'étais jeune alors et j'avais le spleen... En un
instant, du moins, je passais de la tristesse à
la joie; je ne sors plus de la tristesse, maintenant.

Mais qu'importe, je suis au bout de mon
rouleau.

A première vue, ce monde n'est point fait
pour inspirer confiance en l'autre, car tous deux
sont du même auteur.

Il n'y a peut-être pas d'autre monde du tout...
. Je crois cependant que, voyageurs éternels,
nous visiterons de meilleures hôtelleries que
notre détestable auberge. Dans tous les cas,
avec toute la bonne volonté possible, Satan lui-
même ne réussira pas à nous préparer un bouge
plus infesté de vermine que notre ignoble abri
d'ici-bas.

Laguna, ancienne capitale de l'île, serait à peine en France un gros bourg. Là se fixèrent les premiers colons; en ce temps, on n'aimait pas à se trouver à portée des canons des écumeurs de mer. Aussi y trouve-t-on les vestiges de la grandeur de cette époque barbare, où certaines personnalités se développaient outre mesure au détriment du plus grand nombre. La sécurité assurée, les besoins de relations faciles devenant impérieux, Laguna descend à Santa-Cruz et laisse pousser l'herbe dans ses rues non repavées depuis un temps immémorial.

Nous visitons d'abord la cathédrale. Les colonnes de bois sculpté, disparaissant sous le feuillage de végétaux fantastiques fouillés avec une patience de Chinois, ornent le fond de la nef — le tout sérieusement doré, — on n'a pas ménagé la matière. Cette masse d'or éblouit. L'or impressionne toujours et provoque le respect, probablement par une conversion mentale en pièce de vingt francs, qu'on aimerait à tenir en son escarcelle.

Un dôme supporté par des colonnes — dôme et colonnes plaqués d'argent ciselé — surmonte le tabernacle. Ce dôme d'argent ressort avec un puissant effet sur le fond d'or du monument. Vraiment, le clergé en tout pays dispose de la lampe d'Aladin. Les jours de fête, on revêt les marches de l'autel de plaques d'argent du poids d'une demi-tonne.

Doter les églises rachète du péché... Plus on pèche, plus les églises resplendissent ; c'est le plus clair résultat de la foi, avec l'engraissement des moines.

La chaire et ses dépendances, en marbre blanc, forment un noble morceau de sculpture : un ange de proportions surhumaines porte la chaire sur une épaule et la soutient de l'autre bras levé. Cet ange sort des mains d'un maître. Les statuettes des quatre évangélistes, très purs chefs-d'œuvre, se groupent autour de la chaire.

Avec ces objets d'art contrastent d'horribles statues de saints, au visage grotesquement colorié, somptueusement vêtues et protégées par des vitrines ; dans les pagodes de Chine, je n'ai point vu plus vilains magots.

Dans toutes les églises, plus encore en Espagne, le ridicule et le beau se coudoient.

Un immense tableau, peint par quelque vitrier, représente la grande rôtisserie des humains, dont se délecte sur son trône céleste le Dieu de l'Évangile.

Par Vercingétorix !... Je n'adore point ce dieu-là.

Aujourd'hui, on rit de cet enfer qui a fait tant d'athées, sans jamais avoir amélioré personne. Ce vieux débris du molochisme disparaît comme a disparu le culte du dieu infanticide. Du moins, Moloch se contentait de jouir pendant quelques minutes des tortures des enfants déposés dans ses mains d'airain rougi, il ne les brûlait pas pendant l'éternité. Nous ne voulons plus de dieu barbare; il faut choisir entre l'athéisme pur et la grande doctrine gauloise de l'évolution des âmes, seule compatible à la fois avec la justice et la bonté divines; doctrine par laquelle toutes les âmes, quelles qu'elles soient, après des épreuves plus ou moins dures, selon l'abus qu'elles auront fait de leur liberté, s'avanceront tôt ou tard confiantes dans la voie du progrès indéfini.

Pour mon compte, j'incline à considérer la terre comme un enfer temporaire, où l'on expie les péchés commis dans une vie antérieure...· Ce bas monde est un enfer très suffisant, il est inutile d'en inventer un autre.

A Laguna, ville toute cléricale, on se butte à chaque pas contre des prêtres au chapeau de Bazile, en robes luisantes, gras, repus, insolents, au milieu d'une population déguenillée.

L'Église est une maison commerciale très solide; elle tire un revenu certain de la vente de ses coupons de loges au Paradis.

A la vue de toutes ces bandes d'employés de la Providence, je songeai à mon défunt ami Kernoter, avec qui je les rencontrai jadis à Laguna. Il les saluait invariablement jusqu'à terre : « Car, disait-il, j'ai été élevé par ces gens-là et je les connais bien ; s'ils ne peuvent vous faire grand bien dans l'autre monde, ils peuvent vous faire grand mal en celui-ci. »

Ces prêtres, en ce moment, rendent la vie très dure à leur évêque, qui a le mauvais goût de les chicaner à propos de leurs maîtresses. Ici, comme en Espagne, les cures se donnent au concours, suivant la règle canonique et conformément aux décisions du concile de Trente. En Espagne, une cure est-elle vacante, les desservants de tous les diocèses ont le droit de se présenter au concours avec leurs simples lettres de prêtrise. Cette coutume développe naturellement l'esprit d'indépendance parmi les membres du clergé espagnol.

La petite ville, bâtie en général de maisons d'assez chétive apparence, renferme de vieux hôtels portant sur la façade les armoiries de leurs nobles propriétaires. Parmi ces hôtels, on admire deux palais construits avec des pierres de lave brun-rouge foncé, d'apparence ferrugineuse. C'est sombre et solennel, le temps leur a communiqué quelque chose de sa gravité triste. On sent que cela fut fondé par de vrais aristocrates. Une fine dentelle de pierre couvre de ses broderies le plus beau de ces palais, grandiose dans son ensemble. Cette somptueuse habitation appartenait à un seigneur possesseur de sept marquisats et sept fois grand d'Espagne. Une marquise centenaire l'occupe présentement. Dans son jeune temps, dame d'honneur de la

reine, elle fut un des très rares témoins de l'en-
trevue de Napoléon avec Charles IV et Ferdinand VII. Désespérée de ce drame odieux, elle
s'enfuit à Ténériffe et s'enterra dans son hôtel
de Laguna, interdisant chez elle tout journal et
toute conversation pouvant effleurer, même de
loin, la politique.

Par cette prohibition sévère de tout genre de
nouvelles publiques, la grande dame atteignit
son but de rester étrangère au cours des événements modernes et de continuer à vivre dans le
temps passé. Pour donner la mesure de cette ignorance volontaire, on cite le fait de la marquise
s'écriant, à propos d'une sottise de Napoléon III,
racontée devant elle en dépit de la consigne :
« Il doit être bien âgé, ce misérable. »

La bonne femme croyait encore Napoléon Ier
sur le trône. A cette occasion, elle apprit la
mort de celui auquel elle appliquait si justement, en vertu de son droit de témoin du crime
de Bayonne, la qualification de misérable.

L'espagnol, qui me donnait ces détails, me
parla ensuite du marquis :

— Ce beau vieillard, me dit-il, avait l'habitude de se promener tous les soirs dans la rue,
devant son palais, fumant un de ces délicieux
brevas, aujourd'hui sans prix, qui valaient alors
deux cent cinquante douros le mille. En ce
temps, j'étais un des polissons de l'école de
Laguna et me serais fait fesser pour un breva.

Lorsque je n'avais pas les mains sales — cas d'ailleurs assez rare — je les frottais de terre, et, muni d'une méchante cigarette, je demandais du feu au marquis. Le vieux gentilhomme s'inclinait souriant, répondait « avec grand plaisir » et me tendait son pur havane. Quand j'avais allumé, le marquis saluait, reprenait son cigare, puis, après quelques pas, le laissait tomber. Bien entendu, je ramassais ledit cigare sur ses talons, et voilà comment, pendant trois ans, j'ai fumé des brevas de grand d'Espagne. Le noble seigneur n'avait pas été sans deviner mon manège, mais, à aucun prix, il n'eût voulu qu'on pût dire qu'il avait refusé du feu.

A notre retour à Santa-Cruz, la présence sur rade d'un vaisseau chargé de condamnés pour la Nouvelle-Calédonie me fit dire à mon compagnon :

— Si je ne me trompe, on n'est pas mal vu, en Espagne, pour avoir été aux galères.

En réponse, mon hidalgo me conta l'anecdote suivante, dans laquelle on trouverait la trame d'une scène bien dramatique :

Un seigneur de la Grande-Canarie, le comte de La Torre, vint à Santa-Cruz exploiter notre cercle, corrigeant par son adresse les infidélités de la fortune. Il choisit pour compère un personnage fort en vue de l'intimité du capitaine général. A la suite d'une violente querelle au sujet du partage des bénéfices de la commune entreprise, notre Canarien rentre chez lui, prend un revolver, rejoint son complice à la promenade et lui brûle la cervelle en public.

Naturellement, il fallut comparaître devant le juge.

Assassiner un familier du capitaine général, le cas était grave... Comment se tirer de là?

Le comte de La Torre eut une idée sublime : il répondit qu'il avait usé d'un droit naturel en tuant l'amant de sa femme. Ingénieux stratagème!... malheureusement, la jeune femme préférait son honneur au salut de son digne mari, et la parfaite innocence de l'épouse ressortit des débats avec une évidence indéniable. Malgré la beauté de l'invention, le juge se vit obligé de condamner le meurtrier aux galères.

La Torre se rend donc en Espagne, par le paquebot, aux premières, pour subir sa condamnation. Arrivé à Carthagène, il s'installe dans le meilleur hôtel de la ville, libre comme l'air, sauf l'assujettissement de signer chaque jour au presidio sa feuille de présence. Après quelques mois de ce régime, le gouvernement jugea l'expiation suffisante. Toutefois, la grâce conditionnelle interdisait au comte l'accès de Ténériffe. La Torre dut attendre près d'une année, à la Grande-Canarie, sa grâce pleine et entière.

Cet escroc assassin, plus méprisable encore par l'odieuse calomnie au moyen de laquelle il tenta de se dérober à la justice, n'a pas été

chassé de notre cercle. Personne ne lui refuse
la main. Dernièrement, au théâtre, il entra dans
une loge où j'étais en visite, on fut très étonné
de m'en voir sortir aussitôt.

Le soir venu, par un air frais et doux à sou-
hait, mon ami de Santa-Cruz et moi nous étions
assis pour regarder le défilé des belles Espagnoles dans la grande allée du passeo tout embaumé de fleurs odorantes.

— Vous avez là, dis-je à mon interlocuteur,
une ravissante promenade ; elle n'est pas grande,
mais je ne connais rien de plus joli, surtout par
ce merveilleux clair de lune, où l'on peut admirer, comme en plein jour, la beauté des femmes
et la beauté des plantes.

— Ce jardin, me répondit-il, où l'excellente
musique de la garnison...

— Qui doit bien composer les trois quarts de
la garnison.

— A peu près... Il faut bien une musique aux
ordres des colonels et des généraux. Quand on
déduit de l'effectif la musique, les ordonnances,
les officiers supérieurs et généraux, il ne reste,
en effet, plus personne... Je disais donc que ce
jardin, où la musique militaire joue tous les
dimanches, est une création des étrangers.
Nous n'avions aucun lieu de réunion, quand le
gouvernement proclama les lois sur la séculari-
sation des biens de l'Église. Cette terre dépendait du couvent dont vous voyez le clocher

près d'ici ; elle fut mise en vente au prix de
10,000 douros, soit 50,000 francs. L'évêque
lança contre l'acquéreur l'excommunication majeure. Le refus des sacrements et la perspective,
après la mort, d'être jeté à la voirie ne tentait
personne du pays. Plus d'un étranger, qui trouvait dans son incrédulité un paratonnerre suffisant contre les foudres de l'Église, craignait
d'être mis au ban de la société canarienne. Et
puis, que faire de ces terrains après acquisi-
tion?... L'Église a plus d'un mauvais tour dans
son sac ; juif ou chrétien doit compter avec elle.
Personne ne se présenta. Six mois après, remise
en vente à 5,000 douros, pas d'acquéreur. Bref,
la mise à prix tomba au chiffre dérisoire de
100 douros. Alors un parpaillot proposa d'ache-
ter ladite terre, de la planter, de la transformer
en promenade et d'en faire don à la ville. Les
étrangers goûtèrent fort cette idée et se mirent
à l'œuvre ; quand le jardin fut terminé, on l'offrit à la municipalité, qui accepta. Du coup, le
maire fut excommunié. Le pauvre ayuntamento
donna sa démission, s'humilia, fit longtemps
en vain toutes les soumissions possibles... pour
lui les portes du temple restaient fermées à double tour. Mais, quand on peut financer, on finit
toujours par s'arranger avec l'Église. Le maire
l'apprit à ses dépens : il lui en coûta bon pour
s'approcher de la sainte table ; au même prix, il
eût pu se payer ailleurs plus d'un bon déjeuner.

En dépit de la résistance de l'évêque, le passeo appartient bel et bien à la ville, à qui il ne coûte d'ailleurs aucun frais, le jardin étant entretenu par le produit de loteries toujours patronnées par les plus jolies femmes.

MAGNÉTISME TERRESTRE

En mer, 15 juin 1882.

Nous voici dans le pot au noir, à l'un des points morts de la traversée.

Pas un atome d'air, un calme plat coupé de pluies torrentielles, d'orages et de grains... L'atmosphère, saturée de vapeur, étouffe. On respire de l'eau chaude. Le système nerveux, tendu à l'excès par l'électricité de l'air, nous maintient, sans repos, dans un état d'agacement et de souffrance intolérable... Quand sortirons-nous de ce mauvais pas?

Ayons le courage, toutefois, de ne pas trop nous plaindre en songeant au rôle grandiose et nécessaire joué dans les phénomènes terrestres par le pot au noir. Cette zone si pénible à traverser est le cœur de la terre... à la fois son cœur et son poumon, car elle est à la fois l'organe de la circulation de l'air et de la circulation de l'eau, sang de notre planète.

Si nous jetons un coup d’œil sur une mappe-
monde, nous voyons la ligne équatoriale traverser l’Afrique et l’Amérique dans deux parties
relativement étroites; hors de là, elle parcourt
à peu près partout la mer libre. Très près de
l’équateur, le nouveau monde se réduit à un
isthme tellement étroit qu’on est en train de le
couper. En un mot, la zone équatoriale est une
zone essentiellement marine.

Cette région marine, sous l’action des feux
verticaux du soleil, est le foyer de toute vie
terrestre.

Ici se forme, en majeure partie, l’humidité
répandue dans l’atmosphère entière, humidité
indispensable au jeu de nos poumons.

Cette vapeur d’eau, d’après les expériences
de Tyndall, joue un rôle de premier ordre relativement au phénomène dominateur de la température du globe. Elle remplit, en effet, le rôle
d’écran pour les rayons de chaleur obscurs;
aussi, toutes les fois qu’elle n’existe pas, la température s’abaisse rapidement. C’est ce qui a
lieu dans certaines parties arides de l’Inde, où
l’eau se congèle si vite par le rayonnement nocturne. La sécheresse de l’air, dans le Sahara,
y cause encore les prodigieuses variations de
température du jour et de la nuit. Au contraire,
en Cochinchine, à la Guyane, à Grand-Bassam,
la chaleur est presque la même le jour et la nuit,
conservée qu’elle est par l’humidité du climat.

C'est encore l'eau évaporée dans l'immense chaudière équatoriale qui, emportée par les courants aériens des régions supérieures, retombe sur les continents en pluies nourricières.

Dans l'Atlantique, au pot au noir, prend naissance ce gulf-stream qui porte sur nos côtes, avec la chaleur humide, la fécondité.

Supposons — ce qui est peut-être bien arrivé dans quelqu'une des périodes géologiques écoulées — l'équateur essentiellement terrestre, un Sahara inhabitable succède à l'élément vivifiant. La sèche chaleur d'un four envahit notre pauvre monde, les fleuves s'arrêtent et nous ne pouvons plus concevoir la terre habitée par les êtres que nous connaissons.

Non seulement la zone équatoriale marine est la source de toute humidité, et, par suite, pour les vivants d'aujourd'hui, la source de toute vie, mais elle est encore le laboratoire du magnétisme terrestre.

La radiation solaire prend tantôt la forme de la chaleur, tantôt la forme de la lumière ; par la formation chlorophylienne dans la plante, elle devient le principe ou l'aliment de la vie. Quand nous nous chauffons avec de la houille, nous nous chauffons de vieux rayons de soleil... Quand nous nous alimentons de grains ou de fruits succulents, nous consommons le travail de la radiation solaire ; il en est de même pour les animaux... Nous vivons de rayons de soleil,

2.

et la radiation solaire est le protée qui revêt, pour ainsi dire, toutes les formes qui se présentent à nos yeux.

Par l'évaporation de la mer, la radiation solaire prend la forme de l'électricité et donne ainsi naissance aux phénomènes magnétiques... Et, dans le monde visible, tous les phénomènes se trouvent ainsi ramenés à une majestueuse unité et ne sont que les apparences diverses revêtues par la radiation solaire.

Il y a quelques années, je consultais le comte du Moncel au sujet de certaines opinions, que je croyais neuves, touchant les aurores polaires; l'éminent électricien me répondit que des idées analogues avaient été précédemment émises par un savant, M. de la Rive, si j'ai bonne mémoire ; car, sur cette réponse, j'abandonnai mes travaux et n'en ai conservé aucune trace.

Il me semble aujourd'hui qu'on peut tirer du grand fait du pot au noir non seulement l'explication des aurores polaires, mais encore celle du magnétisme terrestre.

Je considère l'évaporation de l'eau dans les mers équatoriales comme le générateur de l'électricité atmosphérique, les autres causes n'étant que secondaires ou perturbatrices. La zone équatoriale serait le point d'origine des phénomènes magnétiques, comme elle est, sans aucun doute, l'agent de la circulation aérienne ou aqueuse... et elle serait l'agent de la circulation électrique, précisément parce qu'elle est le moteur des autres éléments air et eau.

Les belles expériences de M. Gaugain sur l'évaporation des liquides dans un creuset semblent contraires à cette théorie. Mais il est, à mon sens, un fait devant lequel se taisent les expériences de cabinet, c'est le fait des orages incessants — orages d'un grandiose inconu en Europe — dont la zone équatoriale est journellement le théâtre.

Quelle peut être la cause de ce tonnerre quotidien le long de l'équateur marin, sinon l'évaporation de la mer ?

Jamais on ne persuadera à un marin, qui a beaucoup fréquenté les tropiques (et, pour mon compte j'y ai passé vingt années), que l'évaporation de la mer n'est pas la source d'électricité par excellence. Notre système nerveux est un électromètre bien autrement délicat que les merveilleux instruments de M. Thomson. La souffrance très pénible d'une agitation nerveuse extraordinaire dans le pot au noir ne laisse pas l'ombre d'un doute à cet égard.

Lorsque l'immense quantité de vapeur d'eau électrisée, développée par la radiation solaire perpendiculaire à l'Océan, se condense en nuages, l'électricité contenue dans cette vapeur se condense également, et peut atteindre alors la tension nécessaire à la production de la foudre.

Mais, de même qu'une bien minime quantité

de l'eau évaporée se condense *sur place* en nuages, tandis que la plus grande partie, de beaucoup, conserve la forme de vapeur invisible; de même la majeure partie de l'électricité développée dans la zone équatoriale reste sous la forme d'électricité à basse tension. Et, comme la vapeur invisible s'élève dans les hautes régions de l'air pour se répandre de là sur le globe entier, l'électricité à faible potentiel s'élève aussi vers les régions supérieures pour s'étendre vers les pôles.

Nous devons concevoir la terre comme un double couple thermo-électrique, analogue au couple bismuth-cuivre dans lequel l'une des soudures serait à 100 degrés et l'autre à zéro. Les pôles seraient les soudures froides et l'équateur la soudure chaude, la mer serait l'élément bismuth et la vapeur d'eau l'élément cuivre.

L'électricité engendrée à l'équateur, répandue sur une vaste surface, par le fait de sa diffusion, se trouverait à un faible potentiel, sauf le cas de condensation par l'intermédiaire de nuages orageux. En s'étendant vers les pôles, cette électricité rencontre des parallèles de plus en plus petits; la surface électrisée, pour le même nombre de degrés de latitude, allant en diminuant sans cesse, l'épaisseur électrique doit augmenter dans un rapport inverse.

En un mot, notre circuit électrique serait composé à la soudure chaude de deux larges surfaces en contact, allant en se rétrécissant vers la soudure froide, où elles prendraient la forme d'un fil fin.

Çà et là, la formation quelquefois de neiges, plus souvent de pluies ou de grêles, donnerait lieu à des condensations locales momentanées, qui se manifesteraient par les violentes décharges du tonnerre. En général, l'atmosphère serait le siège d'un courant silencieux et invisible. Dans les régions polaires, le courant prendrait la forme de la décharge silencieuse, mais visible, des aurores boréales et australes.

Dans ce dernier cas, aux régions supérieures de l'atmosphère, il se passerait un phénomène analogue à celui des tubes de Geisler contenant des gaz raréfiés, ou au phénomène de l'effluve électrique (qui a une si étonnante analogie d'apparence avec l'aurore boréale) passant dans la chambre barométrique d'un tube recourbé plongeant par ses deux bouts dans le mercure.

J'ai été conduit à ces opinions par la théorie des vents généraux de Maury. Cette théorie du grand météorologiste me semble applicable en tous points à l'explication des phénomènes du magnétisme terrestre.

Suivant Maury, en effet, le pot au noir serait

la source mère de ces météores, les vents et la pluie.

Exposons en quelques mots le principe fondamental de la théorie des vents généraux, en nous bornant, toutefois, à ce qu'elle renferme d'applicable au magnétisme terrestre.

Cette théorie est capitale au point de vue qui nous occupe, car l'air est le véhicule de la vapeur, et la vapeur est le véhicule de l'électricité.

Supposons à la fois anéantis et le soleil et le mouvement de la terre, supposons en outre la terre entièrement recouverte par l'Océan, en lui conservant son atmosphère actuelle. Cette atmosphère reste en équilibre sous l'action de la température uniforme et fixe de l'espace. Tout dort dans l'air.

Conservant à la terre son immobilité, faisons intervenir la chaleur solaire en la répartissant sur tous les points de l'équateur. Aussitôt l'équilibre se rompt. Il se produit, entre les tropiques, une puissante dilatation de l'air... Cet air s'accumule dans les régions supérieures, puis s'écoule vers les régions polaires. Le second effet de cette dilatation est de produire dans la région inférieure équatoriale un vide relatif dans lequel se précipite l'air glacé des pôles. La chaleur solaire entretient donc un double courant d'air : l'air échauffé de l'équateur se rend aux pôles en courant supérieur, l'air refroidi du pôle se rend à l'équateur en courant inférieur. C'est l'image fidèle du couple thermo-électrique terrestre.

Cette circulation est bien naturellement l'image du courant thermo-électrique terrestre, puisque mouvement aérien, mouvement de vapeur formée au pot au noir, mouvement électrique constituent un seul et même phénomène.

Si donc il n'y avait aucune terre émergée, notre globe restant immobile et le soleil tournant autour de la terre, le régime des vents se bornerait à un double mouvement N. et S., le calme régnant dans la zone équatoriale où l'on aurait uniquement un mouvement d'ascension.

Introduisons maintenant le nouveau facteur du mouvement de la terre ; aussitôt une composante E. et O. vient se combiner avec la vitesse N. et S.

En effet, si, comme l'a dit Maury, nous lançons du pôle un projectile suivant un méridien, la terre tournera réellement sous ce projectile, qui aura un mouvement apparent E. O.

Si, au contraire, nous lançons un projectile de l'équateur au pôle, en sortant de la bouche de la pièce, il sera animé de deux vitesses : 1° la vitesse N. S. que nous lui avons communiquée ; 2° la vitesse de son affût qui participe au mouvement diurne. Cette seconde vitesse, non apparente au point de départ, se manifeste quand le projectile s'éloigne de l'équateur, et s'accentue à mesure qu'il approche des pôles. Donc, tout projectile lancé de l'équateur suivant un méridien a un mouvement apparent O. E.

Tel est l'irrécusable principe fondamental de la théorie des vents *généraux* de Maury.

Une molécule d'air appelée du pôle vers l'équateur par l'aspiration équatoriale part du pôle S. avec une simple vitesse S. N., puisqu'au pôle la rotation est nulle. Par suite, la terre tourne sous elle ; elle semble donc, outre sa vitesse S. N., avoir une vitesse E. O. Au contraire, la molécule, lancée de l'équateur vers le pôle par l'écoulement de l'air des régions supérieures vers la zone polaire, est animée de deux vitesses : l'une N. S., l'autre O. E. dans le sens de la rotation. Cette vitesse réelle est à l'équateur une vitesse apparente nulle, mais elle deviendra sensible à mesure que la molécule, en se rapprochant du pôle, rencontrera des parallèles de plus en plus petits ; la molécule aérienne prendra ainsi un mouvement apparent O. E.

Une molécule d'air partie de l'équateur se rend donc au pôle en suivant une route loxodromique, de telle sorte que le mouvement aérien polaire doit être un mouvement cyclonique ; il doit exister au pôle un perpétuel tourbillon tournant de l'O. à l'E.

Les choses se passent-elles réellement ainsi? Oui.

Seulement, les mouvements apparents O. E.

et E. O. ont lieu tantôt dans les régions supérieures, tantôt dans les régions inférieures de l'atmosphère.

Il est bien entendu qu'il s'agit de la théorie des vents *généraux*. Nous avons, en effet, supposé notre globe entièrement marin, et la présence des continents modifie profondément les apparences par des perturbations locales. Aussi est-il facile de constater que la réalité semble s'éloigner bien plus de la théorie dans l'hémisphère N. que dans l'hémisphère S., où domine l'élément liquide.

En outre, un fait constaté, mais assez mal expliqué par Maury, est la descente à la surface terrestre, vers les 30^{mos} degrés N. et S., des vents supérieurs — vents O. marchant vers les pôles, vents E. marchant vers l'équateur... mais nous n'avons pas à entrer dans ces détails.

Un fait demeure établi : dans la zone équatoriale, la théorie et les observations sont en parfaite concordance : les vents se rendent aux pôles en région supérieure et s'infléchissent vers l'O. ; les vents arrivent du pôle en région inférieure et s'infléchissent vers l'E.

Nous avons donc un moyen de déterminer, d'après son mouvement, l'origine d'une molécule aérienne. Si ce mouvement a une composante E. O., nous pouvons affirmer que la molécule vient du pôle ; si elle a un mouvement O. E., nous concluons qu'elle vient de l'équateur.

Ce que nous avons dit de l'atmosphère peut se répéter de la mer ; la chaleur solaire y entretient un perpétuel courant N. et S., puisque le mouvement aérien transporte incessamment aux pôles, où elle se condense, l'eau puisée à l'équateur par l'évaporation.

La mer, comme l'air, a donc son mouvement N. et S. et, par conséquent, son mouvement E. et O.

Seulement, la présence des terres modifie bien plus encore les courants marins théoriques que les courants aériens, puisqu'elles constituent, pour les premiers, une barrière infranchissable.

Si donc nous admettons que la mer, d'une part, et la vapeur atmosphérique, de l'autre, sont les conducteurs du couple thermo-électrique terrestre, ces conducteurs ont un mouvement de rotation par rapport à la terre.

Donc la terre tourne bien réellement dans son enveloppe électrique.

Rappelons maintenant l'expérience d'Helmoltz sur l'électricité statique en mouvement.

Voici un plateau chargé d'électricité statique, il n'agit en aucune façon sur l'aiguille aimantée. Donnons au plateau un mouvement de rotation ; cette électricité statique en mouvement jouit aussitôt de la propriété caractéristique de l'électricité dynamique, elle dévie l'aiguille aimantée. L'action produite sur l'aiguille aimantée est proportionnelle à la quantité d'électricité en mouvement, que cette électricité soit mise en mouvement par une pile ou par la rotation d'un plateau.

Supprimons le soleil et supposons la terre recouverte d'une couche d'électricité statique uniforme, hypothèse très admissible, puisque la terre a la forme sphérique. Donnons à la terre sa rotation et promenons de l'équateur aux pôles une aiguille aimantée *indépendante* de la surface (sans point d'attache avec notre globe).

D'après les expériences d'Helmoltz, voici ce qui se passera :

L'aiguille se mettra en croix avec la direction du mouvement électrique et s'orientera N. et S. L'action exercée sera d'ailleurs proportionnelle à la quantité d'électricité en mouvement, c'est-à-dire proportionnelle au rayon du parallèle, par conséquent maximum à l'équateur et nulle au pôle.

Donc, la terre étant en rotation, si nous supposons que la chaleur solaire engendre *seulement* de l'électricité *statique*, une aiguille aimantée, *indépendante* de la terre, prendrait, en tous les points de sa surface, la direction N. S. L'action sur l'aiguille aimantée serait d'ailleurs maximum à l'équateur pour deux raisons : 1° parce que l'évaporation, par unité de surface, et, par suite, la quantité d'électricité développée, y est bien plus grande ; 2° parce que la vitesse de déplacement de l'électricité est proportionnelle au rayon du parallèle.

Mais si nous supposons — fait indiscutable — que, par l'effet du mouvement N. S. dans l'enveloppe aérienne, la terre soit séparée de cette enveloppe et tourne dans son atmosphère, la terre tournera aussi dans son enveloppe électrisée ; nous avons donc plein droit de fixer notre aiguille aimantée à la terre et de répéter ce que nous venons de dire de l'aiguille indépendante.

En un mot, si nous admettons ces deux points :

1° La formation de l'électricité par l'évaporation de la mer ;

2° Rotation de l'enveloppe électrisée autour de la terre ;

Les courants ampériens se trouvent expliqués.

Or :

Le fait du développement de l'électricité par l'évaporation de la mer se trouve établi par l'état électrique du pot au noir.

La rotation de l'enveloppe électrisée autour de la terre est démontrée par la théorie des vents.

La direction de l'aiguille aimantée doit donc résulter de l'action de deux composantes :

1° La composante donnée par la rotation diurne, maximum à l'équateur, nulle aux pôles.

2° La composante donnée par le couple thermo-électrique, dont la puissance va en augmentant de l'équateur au pôle.

A l'équateur, la direction du courant thermo-électrique change de signe, puisque sa marche est inverse selon que l'on envisage l'un ou l'autre hémisphère ; l'action due à la rotation diurne agit donc seule sur l'aiguille aimantée et lui fait prendre la direction N. et S.

Toute la masse de l'électricité équatoriale, en approchant des pôles, s'y accumule en prenant la forme d'un tourbillon. L'aiguille, au centre de ce tourbillon, centre qui n'est autre que le pôle magnétique, prend nécessairement la direction perpendiculaire à ce mouvement cyclonique, et voilà pourquoi, aux pôles, l'aiguille aimantée, librement suspendue, devient verticale.

PHOSPHORESCENCE

En mer, 15 juin 1882, par 6° Nord.

Le ciel est noir — noir comme de l'encre — la nuit épaisse — il pleut des gouttes de pluie d'une grosseur inconnue dans nos climats.

On dirait la voûte du ciel tombée dans l'eau.

Au lieu de contempler le ciel au-dessus de la tête, on se demande comment on l'a sous les pieds.

Rien ne manque à cette singerie marine de l'univers stellaire.

Notre sillage joue la voie lactée, fine poussière d'animalcules phosphorescents [1], excités par le mouvement du vaisseau. Cette phosphorescence est due le plus souvent à de petits crus-

1. On a trouvé dernièrement des animalcules aux yeux phosphorescents, ou du moins qui portent près des yeux une petite lanterne.

tacés dont les aliments lumineux transparaissent au travers du corps.

De petites méduses ou des animaux de la forme et de la taille d'un doigt de gant simulent les étoiles de première grandeur.

Çà et là des plaques phosphorescentes rappellent les nébuleuses.

Enfin, chaque goutte de pluie, en tombant sur l'eau, projette une étincelle, on dirait une étoile qui se noie.

L'eau douce est, en effet, un excitant très énergique pour ces animaux marins. L'eau du ciel est, pour eux, ce que serait pour nous une pluie de feu.

Ainsi des méduses déposées dans l'eau douce — violent poison pour elles — lancent des éclairs dans l'obscurité avant de mourir.

MARINE MARCHANDE

17 juin 1882.

Nous approchons de la ligne, on rencontre beaucoup de navires dans ces parages. Qu'ils viennent du sud ou du nord, les calmes les arrêtent... C'est un lieu de rendez-vous forcé, on y arrive aisément, on n'en sort pas de même.

Sans doute, dans nos rencontres, le hasard a joué son rôle, mais on ne peut l'accuser seul de n'avoir pas mis sous nos yeux le moindre compatriote. Nous avons aperçu quelques Anglais, mais surtout des Italiens et des Allemands, de beaux navires, ma foi !...

Voilà deux pavillons nouveaux appelés à jouer un grand rôle sur l'Océan ; c'est l'œuvre de Napoléon III ; que Romains et Germains lui élèvent une statue !...

Il abaissa la France et grandit l'étranger.

3.

La vue de ces deux pavillons me conduit à des réflexions amères. Nous n'avons pas d'alliés. mais, en revanche, nous avons trois ennemis implacables : l'Allemagne, l'Italie, l'Islamisme.

Dans le temps jadis, nous étions des indifférents pour l'empereur de toutes les Turquies, il pouvait même avoir une sorte d'affinité pour nous. Il n'en est plus ainsi. Depuis la conquête de l'Algérie, le commandeur des croyants est notre antagoniste naturel. Le chef de l'islam est l'adversaire né des envahisseurs du sol sacré de la foi. Dans notre folle guerre de Crimée, nous nous sommes épuisés pour sauver un irréconciliable, en écrasant le moins antipathique de nos rivaux.

Que nous importe que la Russie s'agrandisse!... elle ne peut s'agrandir à nos dépens. La Russie et l'Autriche sont les seules puissances qui puissent s'agrandir sans nous léser.

La force des choses aujourd'hui — il y a des moments où, pour les nations, comme pour les hommes, le libre arbitre fait place à la fatalité, car il faut bien que les conséquences d'un acte libre soient nécessaires — la force des choses nous oblige à reprendre la politique des croisades. Tout mahométan est un ennemi, il devient urgent de refouler l'islam en Asie et dans les déserts de l'Afrique. Quiconque combat le croissant devient plus ou moins notre allié.

Deux grands peuples nous sont indifférents ou peu hostiles, l'Autriche et la Russie ; ils ne nous détestent pas, c'est beaucoup. Leurs intérêts ne gênent pas les nôtres. La Russie même a une tendance naturelle à se rapprocher de nous à cause de notre mission commune : l'expulsion du croissant du foyer européen.

Quand aux Anglais, s'ils n'avaient pas si vilain caractère, s'ils n'étaient pas la jalousie et l'avidité incarnées, ils devraient être nos intimes. Au fond, nous avons les mêmes intérêts. L'Angleterre recherche volontiers notre alliance, quand elle a besoin de quelqu'un pour tirer les marrons du feu à son profit. Elle y trouve un double plaisir, celui de croquer les marrons et celui de nous voir nous brûler les doigts.

Mais si fantaisie nous prend de nous brûler pour notre propre compte, et de retirer des charbons ardents la plus méchante châtaigne, aussitôt le rogue John Bull montre les dents.

Certes, l'alliance de l'Angleterre est désirable, mais on ne peut pas plus s'allier que se marier tout seul... L'Angleterre est une personne très aristocrate qui daigne accepter la France pour servante, mais ne la juge pas digne d'entrer dans sa famille.

Mais revenons à nos bateaux.

La marine allemande avait une base, elle héritait de marines toutes faites : celle de Hambourg, par exemple ; on ne peut pas s'étonner de lui voir faire brillante figure et devenir pour l'Angleterre un concurrent sérieux.

Décidément, il y a de l'étoffe dans ce peuple italien, rusé, adroit, héritier du génie romain, de la conscience de Machiavel et des principes des Borgia. Que le pavillon italien joue un rôle dans la Méditerranée, il fallait s'y attendre ; mais on a le droit d'être surpris de son développement rapide sur l'Océan.

Notre marine à voiles diminue chaque jour, elle s'éteint, elle est à sa dernière heure ; il faut avoir le courage d'en faire son deuil... C'est perdre son temps de lutter contre une tendance si accusée ; c'est une de ces fatalités contre lesquelles on se brise.

Je ne fais pas de théorie, je constate.

La marine à voiles se trouve entre les mains d'armateurs ; le bâtiment à voiles est toujours, ou presque toujours, une propriété particulière.

Notre marine à vapeur est forcément le lot des compagnies.

Il semble qu'il se passe là un phénomène économique analogue à celui de la concurrence des compagnies comme celles du Louvre, du Bon-Marché, du Printemps vis-à-vis des marchands isolés.

Le siècle paraît marcher vers le régime des compagnies ; la propriété immobilière elle-même semble en voie d'évolution.

Et cela est naturel, c'est le régime démocratique par excellence, puisque c'est le moyen de réaliser des entreprises colossales avec de petits capitaux.

Ainsi, nous voyons des quartiers de Paris exploités et bâtis par des compagnies.

L'Amérique donne l'exemple de la grande culture par compagnies, les essais ont parfaitement réussi... Il est donc possible qu'à une époque plus ou moins éloignée — bien que la France, par la division du sol et le caractère de ses paysans, doive être une des nations les plus réfractaires à ce régime — il est donc possible, dis-je, que la terre, qui paraissait l'inébranlable boulevard de la propriété personnelle, finisse par devenir aussi le lot des compagnies.

On ne posséderait plus que des actions dans de grandes compagnies.

Telle est probablement la solution des questions sociales aujourd'hui pendantes et de la lutte entre les besoins de liberté individuelle et les instincts socialistes de notre époque.

Le régime des compagnies est une des formes de la liberté.

L'humanité, à ses différentes phases, est destinée à revêtir des formes différentes, et chaque forme à sa raison d'être et son temps.

En passant à Ténériffe, nous avons rencontré un fort beau navire de la compagnie des *Chargeurs réunis* du Hâvre. Cette compagnie prospère. Le fait n'est pas isolé. D'après mes renseignements personnels, mes observations particulières un peu partout — en parfaite concordance d'ailleurs avec les statistiques de la marine nationale et des marines étrangères — j'arrive aux conclusions suivantes :

1° Notre marine à voiles se meurt.

2° Notre marine à vapeur occupe, dans le monde entier, un rang des plus honorables.

3° Les compagnies réussissent, surtout à la condition de faire un service régulier avec des bateaux à vapeur.

Il est indispensable de savoir en quel sens nous pousse la force des choses, parce que, si les lois sont contraires au courant naturel, on s'épuise en efforts onéreux et stériles.

Si donc, pour des raisons étrangères à la question économique — car le régime protecteur ne saurait être finalement une bonne affaire — si, pour des raisons de sécurité nationale, nous nous croyons obligés de développer artificiellement notre marine marchande, sachons, du moins, que ce qu'il faut encourager ce sont les compagnies de bateaux à vapeur.

Abolissez sans retard tout votre échafaudage de lois protectrices, et subventionnez carrément les compagnies maritimes qui offrent des garanties d'avenir

UN MORT

23 juin.

Nous avons un mort, les requins suivent ; les matelots disent que le requin sent la mort.

C'est un forçat mort avec les secours de l'Église.

— Le voilà dans le sein de Dieu, dit à l'aumônier un sceptique, puisque vous lui avez délivré ses passe ports.

— Voulez-vous, dis-je, qu'après avoir été forçat en ce monde il soit encore damné dans l'autre ?

Forçat, c'est assez ; damné, c'est trop.

Dieu donnerait la vie à des êtres pour qu'ils marchent de la prison au bagne, du bagne à l'échafaud, de l'échafaud à l'enfer... non, mille fois... tout être vient de Dieu et retourne à Dieu.

L'enfer est le père de l'athéisme... Qui peut adorer aujourd'hui un dieu cruel ?

L'homme primitif, en face d'une nature tantôt bienfaisante, tantôt impitoyable, dut concevoir le monde comme régi par deux puissances opposées : le génie du bien-être et de l'abondance, le génie de la privation et de la douleur.

Ormuzd et Ahriman ne sont pas des conceptions primitives, tous deux sont nés d'une théologie déjà avancée. Ormuzd et Ahriman sont, en effet, non seulement les dieux de la joie et de la souffrance, mais encore les représentants du bien moral et du mal moral, ce qui suppose un développement considérable de la spéculation.

Les vrais dieux antiques sont certainement Baal et l'affreux Moloch, voilà des dieux naturels !... Baal dieu des jouissances, Moloch dieu des tortures.

Baal et Moloch ont laissé leur empreinte sur toutes les religions, même les plus épurées.

Dieu, encore aujourd'hui, pour les intelligences incultes, est la fusion en un seul être de Baal et de Moloch. L'Eglise, gouvernement de terreur, a toujours encouragé, par politique, cette opinion populaire.

De l'accouplement monstrueux de Baal et de Moloch est née la doctrine de l'enfer.

« Si le ciel chante la gloire de Dieu, dit monseigneur Gaume, protonotaire apostolique, grand prêtre manqué de Moloch, l'enfer chante

sa justice. » Ce bizarre apôtre de l'Evangile
demande, à grands cris, le rétablissement de
la peine de mort contre les sorciers.

Ce n'est point chose aisée de trouver une
croyance satisfaisante à la fois pour l'esprit et
pour le cœur... L'athéisme et le matérialisme
répugnent, mais surtout n'expliquent rien.

La doctrine des peines éternelles est inique,
horrible, absurde.

C'est encore la vieille doctrine des Bardes
qui répond le mieux aux besoins de la conscience moderne ; la doctrine de la transmigra-
tion comme épreuve, épreuve plus ou moins
longue et douloureuse, mais dont le but final
est le progrès éternel dans le développement de
l'âme.

MAGNÉTISME TERRESTRE

24 juin 1882.

En terme de marine, on entend par *pot au noir* une bande de quarante à quatre-vingts lieues de largeur, suivant les lieux et les saisons, orientée est et ouest, réunissant la côte d'Amérique à la côte africaine. Cette bande suit le soleil dans sa périgrination de l'un à l'autre solstice, mais en restant toujours renfermée entre les limites de 8 à 9 degrés nord et 1 ou 2 degrés sud.

Maury a particulièrement attiré l'attention sur cette singulière zone de calmes, de pluies torrentielles et d'orages violents. Il voit dans le pot au noir la preuve évidente de l'action du soleil sur les mers équatoriales comme agent essentiel de la circulation aérienne et aqueuse sur notre planète tout entière.

Pour peu que l'on séjourne dans le pot au noir,

on y ressent une impression particulière, souvent appelée la *sensation du corset ;* il semble, en effet, que la poitrine soit serrée dans une enveloppe extérieure qui l'empêche de fonctionner. Le système nerveux demeure dans un état de souffrance très pénible, les caractères s'aigrissent, on devient étrangement irritable sous l'influence d'une agitation et d'un agacement continuels.

Si l'on demande à un marin, quel qu'il soit, ignorant ou instruit, la cause de ce malaise, il n'hésitera pas à l'attribuer à l'état électrique du pot au noir.

On n'éprouve de soulagement dans cette zone si particulière que dans les courts instants qui suivent la fin d'orages d'une violence inouïe ; le tonnerre, en éclatant, fait tomber, en effet, la prodigieuse tension de l'électricité atmosphérique dans ces parages. Mais dès qu'un orage a éclaté, un autre se forme.

Là, on observe aussi journellement des éclairs sans tonnerre.

Un autre phénomène non moins palpable est l'extraordinaire évaporation de la mer.

La comparaison des thermomètres à boule sèche et à boule mouillée indique une complète saturation de l'air. A peine sorti du four, le sel devient déliquescent, l'eau coule partout le long des murailles, les papiers se détrempent, il semble que le corps humain lui-même va se dissoudre dans cette incroyable humidité.

Dans le pot au noir, la connexité de ces deux phénomènes, tension électrique très élevée, évaporation considérable, frappe l'esprit le moins observateur.

De l'évidente connexité de ces deux phénomènes, on est naturellement amené à conclure que l'un est la cause de l'autre.

L'opinion de tous les gens qui ont beaucoup fréquenté la région équatoriale, dans l'Atlantique, est unanime à ce sujet ; pour eux, il n'y a point doute : l'action du soleil sur la mer est bien la cause des orages et de l'état électrique spécial de cette curieuse partie de l'Océan.

Ainsi la radiation solaire, qui est déjà la cause de la circulation aérienne et de la circulation aqueuse, serait encore, par l'évaporation, la cause des phénomènes électriques.

Mais si le fait de la production de l'électricité par l'évaporation n'est un fait visible, incontestable que dans cette région circonscrite, cette production n'en demeure pas moins un fait général dans toute la zone tropicale.

Quand on a admis la formation de l'électricité atmosphérique par l'action du soleil sur l'Océan, aussitôt se présente à l'esprit une étonnante analogie entre les courants aériens *généraux* et les courants électriques qui dirigent l'aiguille aimantée.

Les vents *généraux* ont pour cause la radiation solaire, et leur direction est donnée par deux facteurs très différents :

1° La rotation diurne.

2° La différence de température entre les pôles et l'équateur.

Le second facteur a pour effet de rompre l'adhérence de la couche atmosphérique avec la surface terrestre, de telle sorte que l'on peut dire que la terre tourne dans son enveloppe.

Il en est de même pour les courants électriques qui agissent sur l'aiguille aimantée. L'un des facteurs est encore la différence de température entre l'équateur et les pôles qui transforme la terre en un véritable couple thermo-électrique dont la mer serait le bismuth et la vapeur atmosphérique le cuivre ; l'autre facteur serait la rotation diurne qui fait tourner la terre dans son enveloppe électrisée.

Les courants électriques dépendraient donc de ces deux actions constantes et uniformes : la rotation diurne, la quantité de chaleur journellement reçue par la planète.

Cette hypothèse rend bien compte de deux faits capitaux :

La direction nord et sud de l'aiguille aimantée à l'équateur, sa direction verticale aux pôles.

D'une part, le mouvement de la terre, dans son enveloppe électrisée, agit seul à l'équateur sur l'aiguille aimantée et lui fait prendre, par conséquent, la direction nord et sud.

D'autre part, toute la masse d'électricité engendrée à l'équateur par la radiation solaire, en se répandant vers les pôles, prend, sous l'action de la rotation diurne, le mouvement tourbillonnaire ; il existe donc, à chacun des pôles, un violent tourbillon électrique dont l'axe constitue le pôle magnétique ; l'aiguille aimantée prend nécessairement la direction perpendiculaire à ce grand courant circulaire, c'est-à-dire la direction verticale [1].

1. A ce sujet j'ai reçu d'un physicien distingué la note suivante :

« A l'appui de votre hypothèse fondamentale, je vous dirai que j'ai observé pendant plusieurs mois au sommet de la tour du Croizic les phénomènes suivants avec un électromètre Thomson :

« Enfermé dans ma chambre noire, je sentais les grains approcher un quart d'heure environ avant leur chute, l'aiguille de mon instrument montant rapidement de + 200 Daniell à + 800, par exemple ; au moment où le grain tombait, l'instrument marquait 0, puis descendait à — 300 pour revenir un moment après à + 200, son point de départ.

EN MER

28 juin 1882.

Calme — vent debout — sous le poids de cette chaleur énervante, le travail est trop pénible, rêvons.

Reprenons ces vieux papiers jaunis, écrits dans ma jeunesse, ils me rappellent plus d'une douleur.

Il y a des gens qui voudraient revivre...

Pour contempler le triomphe des intrigants et des hypocrites,

Pour être foulés par les lâches qui ont le pouvoir en main,

Pour voir encore régner, sur l'imbécile humanité, le mensonge et l'impudence,

Pour refaire soi-même les même platitudes, les mêmes bassesses, les mêmes sottises... ça n'en vaut pas la peine. On a la ressource de faire encore des sottises dans l'autre monde... nous n'avons certainement pas dépensé toute notre bêtise dans notre terrestre épreuve; il nous en restera bien un peu là-bas.

Est-ce bien moi qui ai écrit ces lignes, avec cette encre pâlie, d'une écriture qui n'est plus la mienne?... il faut croire, car à la mairie de mon pays, il y a un être vivant, classé depuis un demi-siècle sous la même étiquette... et cependant, à la même étiquette, correspond un tout autre individu. J'ai retrouvé un daguerréotype que tout me dit m'avoir représenté alors... Je ne me reconnais plus; il n'y a là rien de mes traits; mon caractère a plus changé peut-être... Je cherche en vain dans le Moi d'aujourd'hui quelque chose du Moi du temps passé.

Voyons un peu, par curiosité, ce qu'écrivait, en 1848, ce personnage qui devait devenir le Moi d'aujourd'hui.

LA TRINIDAD

1848

PORT D'ESPAGNE

1848

Notre traversée de la Martinique à Port d'Espagne n'offre rien d'intéressant, à part notre passage par· la plus étroite des bouches du Dragon.

Nous avons donné dedans vent arrière, toutes voiles dessus, bonnettes des deux bords ; certes, il n'y avait pas le moindre danger, ce n'en était pas moins un spectacle émouvant, celui de notre brick lancé à toute vitesse entre ces rochers énormes, distants à peine de quelques largeurs de navire. Nous avions l'air d'un grand goëland emporté par le vent, les ailes étendues... notre haute mâture s'élevait à peine au tiers des roches.

L'île de la Trinidad, découverte par Christophe Colomb en 1498, occupée par les Espagnols, puis par les Français, puis abandonnée par nous pour être réoccupée par les Espagnols, appartient définitivement, depuis 1793, à l'insatiable Angleterre.

La Trinidad, située en face de l'embouchure de l'Orénoque, est merveilleusement située pour servir d'entrepôt au commerce avec la terre ferme ; elle est célèbre par son lac de bitume et ses sources de naphte.

Nous mouillons devant Port d'Espagne, capitale de l'île, bâtie dans une petite plaine enveloppée de tous côtés de mornes d'un vert sombre. De nombreux navires marchands garnissent la rade constamment sillonnée par de légères pirogues ou par des canots voilés comme les barques turques.

Mais que m'importe la ville !... déjà, en imagination, je me promène dans les grands bois, le fusil sur l'épaule.

Le lendemain, au jour, je m'y promenais en chair et os, et, quand le soleil se leva, je foulais d'étroits sentiers semblables à des chemins de chèvre, entre des murailles d'arbustes entrelacés, dominés par des arbres antiques aux troncs énormes, dont feraient à peine le tour douze hommes, les bras étendus.

J'aime le silence des bois, nos pères avaient grand'raison de consacrer des forêts à leur Dieu invisible. Dans la forêt vierge surtout, on se sent enveloppé de Dieu et l'âme s'abandonne, non sans une sorte de terreur, à une émotion religieuse, intime et profonde.

La forêt, la forêt sombre et solennelle est le vrai temple du Tout-Puissant.

Je faisais cette excursion en promeneur, non en chasseur, je n'ai donc aucune raison pour mentir : je remplis mon carnier d'infortunées palombas et palomitas (grandes et petites tourterelles ; ces dernières, qu'on appelle souvent des *ortolans*, sont de charmants oiseaux de la grosseur d'un moineau). Faut-il être barbare pour tuer ces jolies petites bêtes si parfaitement inoffensives !... oui, mais elles ont le tort d'être bonnes à manger. L'estomac d'un aspirant est un organe impitoyable ; à cet âge, on a l'appétit d'Ugolin, et l'on se blase de l'éternel repas national de lard et de haricots que nous offre la République ; mais elle nous accorde un cuisinier, ironie !... Quelque jour, nous serons réduits à dévorer ce budgétivore inutile.

Après avoir couru la campagne, je visitai la ville, soigneusement entretenue par des agents zélés et gratuits, qui s'acquittent de leurs fonctions avec une conscience au-dessus de tout éloge. Des agents zélés et gratuits, chargés du nettoyage des rues, quel rêve pour un conseil municipal !... Aussi n'appartiennent-ils pas à l'imparfaite humanité... Ce sont bien, comme

nous, des bipèdes, mais des bipèdes emplumés.
On appelle *gallinaces* ces petits vautours de
trois à quatre pieds d'envergure, qui courent
dans les jambes des passants ou se querellent
avec les chiens et les chats, comme des gens
convaincus de leur importance et confiants dans
le respect public.

A Port d'Espagne, je retrouvai la nymphe
Calypso, mon premier amour.

Le commandant, grand joueur de flûte, intime
ami de l'auteur du *Muletier de Castille*, raffole
du monde, où son rare talent lui vaut des
triomphes... d'autant plus aimable avec les
dames qu'à bord il économise plus d'amabi-
lité.

Le commandant proposa donc à l'état-major
d'offrir un bal aux beautés de Port d'Espagne ;
la proposition fut acceptée avec enthousiasme.
On transporta sur l'avant tous les canons du
brick ; on rapporta de terre de pleins canots de
fleurs et de feuillages, et l'arrière fut transformé
en salle de bal.

La musique jouait, le champagne pétillait,
je me penchai vers un de mes camarades.

— Sais-tu, toi, qui est cette dame ?

— Pourquoi cette demande ?... Personne
n'ignore que cette superbe personne est la sœur
de Paez, l'ancien président de la République du
Venezuela.

— Tu te trompes, repris-je en haussant les

épaules, je la connais depuis ma plus tendre enfance et je l'aime... c'est Calypso.

— Prends un dernier verre de champagne et va te coucher.

Mon insurmontable timidité m'a toujours brouillé avec Terpsychore, aussi j'aime mieux les bois que les salons. Ce fut pour moi un crève-cœur de voir valser la belle nymphe sans oser l'inviter. Je la contemplai avec ravissement, car c'était bien elle... seulement, elle avait recouvert d'un méchant fourreau de soie sa chaste nudité.

Voici comment j'avais connu Calypso.

On m'apprenait à lire dans une vieille édition de Télémaque, ornée de fort belles gravures, la première représentait la divine Calypso au milieu de ses compagnes, une beauté solide, sans corset. J'admirais — d'ailleurs avec une parfaite innocence — ce corps robuste ; si bien que, dans mes rêves, je voyais Calypso nonchalamment assise sur un roc — les femmes préfèrent les canapés, mais les nymphes ont les chairs très fermes — au bord d'un ruisseau, à l'ombre d'une antique forêt... Ce rêve charmant fit mon bonheur pendant bien des années, puis un jour vint où une femme vivante chassa de ma pensée la belle femme en papier.

Calypso, grande et majestueuse, peut avoir trente ans ; probablement, depuis mon enfance, toute immortelle qu'elle est, elle a pris un peu d'âge et d'embonpoint.

Quand le bal finit, je m'approchai d'elle et lui demandai la faveur de la conduire à terre ; nous partîmes en baleinière avec deux personnes dont je ne pris nul souci. Dans le miroir de la mer unie par le calme plat se regardaient la lune et les étoiles.

Je dis alors à la déesse que je l'aimais depuis longtemps, que, pour lui plaire, j'avais appris à lire... J'ajoutai que Télémaque était un imbécile et la nymphe Eucharis une méchante poupée. Enfin, je lui demandai la faveur de vivre près d'elle, dans son île, lui jurant de l'adorer toujours.

Calypso riait et ses dents blanches brillaient au clair de lune.

J'eus beaucoup de chagrin de me séparer d'elle, et, quand elle descendit à terre, j'éclatai en sanglots.

Le lendemain, jugez de mon effroi, quand je me réveillai d'un sommeil de plomb, sur le canapé du commandant qui n'était pas commode.

Toute la journée j'attendis des arrêts qui ne vinrent point.

Et depuis lors, la sœur de l'ex-président de la République du Venezuela est une des plus chères beautés de mon harem imaginaire.

VENEZUELA

1848

LA GUIRIA

La République du Venezuela joue à la guerre civile, il y a si peu de distractions dans le pays... Il faut bien faire quelque chose pour passer le temps. Monagas, président actuel, est à la tête du parti démocratique; Paez, le frère de Calypso, ex-président, cherche à démolir le régime établi, en sa qualité de conservateur. Car les conservateurs, là, comme ailleurs, poussent volontiers à la guerre civile; aussi sont-ils désignés sous le nom de *factiosos*.

A la Guiria, un de nos nationaux s'est fait expulser pour avoir voulu jouer un rôle politique; or les Espagnols de tous pays et de tous partis, unanimes en cela, ne permettent pas aux étrangers de se mêler de leurs affaires.

Cet imbécile se ressouvint alors de sa nationalité et se réclama du consul de France. Notre consul ne pouvait manquer une aussi belle occasion de se faire valoir en patronant la sottise justement punie; donc ordre à notre brick de réintégrer, par l'autorité de ses vingt canons, notre compatriote en son logis. Une grande nation met sa dignité à prouver sa force et non sa justice.

La Guiria, pompeusement décorée du titre de ville, se compose d'une centaine de cases non alignées; néanmoins les habitants, par une grâce spéciale, voient des rues dans des espaces coupés de crevasses de cinq à six pieds de profondeur.

Çà et là poussent des orangers, des cocotiers, des bananiers au milieu d'une grande variété d'arbres qui donnent au village un aspect agréable. On y voit errer quelques porcs et beaucoup de capitaines.

En mettant pied à terre, je rencontrai un petit bonhomme à figure de pain d'épice, pieds nus, vêtu d'un pantalon déchiré, d'une chemise sale et d'un prodigieux chapeau pointu, portant sous le bras une formidable rapière. On me dit que c'était un capitaine. La République généreuse confère à ses capitaines des appointements magnifiques, mais, suivant une vieille coutume espagnole, elle se dispense de payer.

A quelques pas plus loin, autre individu à

mine patibulaire attelé à un sabre gigantesque,
puis un troisième, un quatrième... Sur les six
premiers passants, cinq capitaines.

— Mais vous avez donc ici toute une armée,
dis-je au français de Guiria qui nous servait de
guide.

— Pas précisément... Nous avons une garnison d'une cinquantaine de volontaires. Voulez-vous visiter la caserne?

— Volontiers.

Chemin faisant, on me fit voir trois pièces
sans affût remontant peut-être à la conquête de
Colomb; comme cette artillerie m'inspirait une
admiration modérée, les gens du pays me montrèrent avec orgueil un quatrième canon fixé à
des poteaux et braqué dans la direction d'un
sentier perdu dans la forêt... L'ennemi était in-
vité à venir par là, paraît-il [1].

Une vingtaine de bandits d'opéra comique,
formant un groupe assez pittoresque, munis de
fusils à pierre rongés par la rouille, reposaient
sur des bottes de paille ou jouaient aux cartes
sous une grange. C'était la garnison dans sa
caserne. Ces soi-disant soldats portaient de
grands chapeaux de paille ou des feutres ornés
de rubans rouges, une chemise de couleur aux

---

1. Ces lignes me rémémorent naturellement la parabole de la
paille et de la poutre. Quand nous avons déclaré la guerre à
l'Allemagne, les lignes et les forts de Quellern — clef de la rade
de Brest — n'étaient pas mieux armés que la Guiria.

manches retroussées, une culotte courte maintenue par une ceinture rouge ; un poncho écarlate en lambeaux complétait le costume.

A en juger par les maisons bâties en torchis et couvertes en chaume, il doit y avoir dans le pays pénurie d'architectes, s'il y a abondance de capitaines. Les Français qui habitent ces huttes, nous en firent les honneurs avec beaucoup de grâce et mirent une grande insistance à nous combler de présents. Il me fallut accepter une peau de couguar, ou lion sans crinière d'Amérique. Cette peau de couguar devait être enchantée, car, dès que je l'eus en ma possession, je fus hanté par la pensée d'un tête-à-tête avec un couguar — avec mon fusil, bien entendu, pour porter la parole.

Nos compatriotes ne se possèdent pas de joie de parler de la patrie ; ici, nous disent-ils, nous sommes abandonnés de Dieu et des hommes.

Tous ces pauvres diables sont mariés — sauf le sacrement et l'intervention municipale — à des métisses indiennes-espagnoles ; ces ménages n'ont pas l'air d'en aller plus mal. Si l'on en juge par la multitude de bambins qui courent tout nus autour des cases, l'étole et l'écharpe ne favorisent en rien la fécondité.

Notre mission à Guiria avait pour but, ai-je dit, de rétablir en son domicile un de nos compatriotes très justement chassé du pays pour ses intrigues. Le commandant du brick écrivit donc au chef politique une lettre dans laquelle il lui donnait à choisir : ou la rentrée à Guiria de notre compatriote ou des coups de canon. Le choix n'était pas douteux; mais, pour la forme, le chef politique demanda vingt-quatre heures de réflexion; il voulait avoir l'air de délibérer.

Je flânais au milieu des cabanes — car personne à bord, pas plus qu'à terre, ne prenait au sérieux nos menaces — quand un individu, en veste autrefois blanche, me pria de passer chez lui pour prendre la réponse relative aux affaires politiques pendantes.

Les pourparlers, on le voit, entre quasi-belligérants, se traitaient à la bonne franquette.

Ledit individu me fit entrer dans une case divisée en deux compartiments, l'un consacré à l'épicerie, l'autre à la politique; ce dernier servait à la fois de bureau et de chambre à coucher. Voilà des mœurs républicaines d'une simplicité antique, laissant bien loin derrière elles les rustiques vertus des Fabricius. Dans le bureau-chambre à coucher se trouvait la caisse de la République, plus vide à coup sûr que la chambre d'un baromètre.

— La République du Venezuela, me dit le chef politique épicier, ne veut pas faire la guerre à la France, et donne au monde, dans cette circonstance, un grand exemple de modération.

Nous passâmes dans l'épicerie où je trinquai,

sur le comptoir, avec le haut fonctionnaire qui tenait, dans les plis de son paletot, les bienfaits de la paix ou les horreurs de la guerre, et nous nous quittâmes avec force poignées de main.

J'allai porter à bord le rameau d'olivier, sous forme de lettre graisseuse, et nous éteignîmes la mèche de nos canons.

Voilà comment, dans ma première jeunesse, je jouis un instant d'une importance politique à laquelle je n'ai jamais atteint depuis.

Le lendemain, je devais chasser avec un compatriote de Guiria, je n'en pus clore l'œil. Dans mes courts moments de demi-sommeil, je voyais un lion d'Amérique passer doucement la tête entre les brousses et s'avancer à pas comptés pour boire à la nappe d'eau limpide où se réfléchissait son image et celle de la forêt.

Les cerfs, jaguars, couguars sont communs dans le pays où l'eau est rare. La chasse consiste à se mettre à l'affût devant un marigot, puis à attendre.

Nous partîmes au point du jour. A dix-neuf ans, errer le fusil sur l'épaule dans les forêts sauvages, c'est le parfait bonheur ; mais que cette nature colossale des tropiques est écrasante et que l'on se trouve petit devant elle !

Enfin nous arrivons, au milieu du bois, devant une flaque bordée d'argile rouge humide ; sur cette argile, mon compagnon me fit

remarquer une empreinte de patte large comme
une assiette.

Trop tard !... le couguar avait passé...

Au bout de deux heures d'affût passées dans
une immobilité absolue et dans le plus religieux
silence, je mourais d'ennui.

Rien pendant deux heures...

Enfin... un ortolan vint boire et se baigner...
je le tuai de rage.

IRAPAS

Irapas a l'importance d'un gros bourg de
Bretagne, en tout d'ailleurs semblable à Guiria.
Mais Guiria, en pays tranquille, a pour garnison des volontaires, tandis que de la vraie
troupe de ligne défend Irapas en état de
siège.

L'armée régulière se compose de gueux qui
nous présentent l'arme d'une main et tendent
l'autre pour demander l'aumône ; on ne peut
d'ailleurs les accuser de salir leur uniforme,
ledit uniforme ne pouvant plus être sali. Il consiste en un pantalon déguenillé, jadis blanc, à
bande noire, en un frac de toile bordé de rouge ;
pas de chemise ni de souliers, mais avec les
anciennes buffleteries, le vaste shako, en tronc

de cône renversé du premier empire, évasé en haut de façon à protéger les oreilles du fantassin (disait-on) contre les coups de sabre de la cavalerie, magasin du soldat dans lequel, outre son savon, son peigne, son mouchoir et sa brosse à souliers, il mettait le butin de la campagne.

De temps à autre les *factiosos* — c'est-à-dire les partisans de Paez — sortent du bois et tirent sur la ville à deux ou trois portées de fusil. Aussitôt on bat le rappel, les troupes de ligne se rallient et font feu vaguement dans la direction de l'ennemi — autant que leur permettent leurs armes.

Il y a eu bataille.

Mais, dans ces batailles de gens pratiques, où l'on remporte la victoire des deux côtés, il n'y a ni morts ni blessés pour attrister le succès.

On m'envoya, en corvée, faire de l'eau dans la chaloupe ; la corvée d'eau, dans ces pays, est une partie de plaisir.

En route, je tirai deux pélicans. Pourquoi? Ces pauvres volatiles ne m'avaient rien fait, et l'on ne peut songer, même avec un estomac d'aspirant, à digérer leur chair huileuse et coriace. C'est dommage de prendre pour symbole de l'amour paternel un oiseau si stupide. J'ai fait là sans doute bien inutilement de pauvres orphelins. Le sauvage vit toujours en nous avec ses instincts de férocité et de destruction bête.

C'est charmant de remonter à l'aviron, au point du jour, une petite rivière limpide entre les murailles de cette végétation si intense, si touffue des tropiques, sous les branches énormes des colosses séculaires qui forment l'ossature de la voûte feuillue, d'où pendent en lustre des lianes aux fleurs éclatantes. A cette heure matinale l'air est doux ; la nature, comme une belle vierge, se réveille fraîche et pure de son sommeil nocturne... plus tard fatiguée des caresses brûlantes de son royal époux, elle fera sa sieste de midi. Des oiseaux au merveilleux plumage tranchent sur le vert sombre de la forêt ; les singes dégringolent, gambadent, se balancent suspendus par la queue, franchissent la rivière d'un bond et mêlent leurs cris aigus au caquetage des bandes de perruches, au roucoulement des tourterelles.

Faire de l'eau demande quelques précautions dans ce cas. Il faut remonter assez haut, puis attendre la mer descendante, sous peine de faire un chargement d'eau salée. D'autre part, si l'on remonte trop haut, il pourra bien arriver qu'à pleine mer, l'embarcation lourdement chargée reste échouée. Plus d'un aspirant a visité le magasin général pour avoir oublié ces principes[1].

1. Le magasin général est le lieu où sont renfermés les objets

Les chaloupiers lavent leur linge. Pour un matelot, laver son linge à l'eau courante est une fête; trop souvent, à la mer, il est réduit à laver à l'eau salée.

On se baigne, on patauge, l'aspirant tire des coups de fusil un peu sur tout ce qu'il voit... une de mes victimes fut une malheureuse iguane en train de se repaître bien innocemment de feuilles sur un arbre. Ce saurien se nourrit exclusivement de matières végétales. Il a le goût du poulet, du moins on le dit; quoi qu'il en soit, la pauvre iguane figura triomphalement sur notre table et fut si consciencieusement dévorée qu'une fourmi n'aurait pas trouvé sa pitance sur ses os.

Nous étions en train de nous ébattre quand survint un personnage escorté d'un âne tellement chargé de fruits, que le pauvre bourricaut succombait sous le faix. Assez naturellement, je pris le nouvel arrivant pour un marchand venu dans l'intention de faire à nos matelots ses offres de service. Son costume très simple justifiait cette supposition; il avait d'ailleurs les dehors sympathiques.

Un large chapeau de paille couvrait ses longs

necessaires à l'entretien journalier du bâtiment, huile, bougies, suif, clous, peinture... MM. les aspirants font leurs arrêts dans ce trou sans air, éclairé par une mauvaise lampe en plein jour. Dans les pays chauds, la punition du magasin général devient parfois un petit supplice.

cheveux noirs, un court pantalon de cotonnade
bleue laissait voir ses jambes nerveuses, une
chemise à manches retroussées formait le reste
de son vêtement ; dans une large ceinture de
cuir ornée de plaques de métal passait un long
couteau. Il avait le nez aquilin, les yeux brillants, un visage énergique.

— Voulez-vous, me dit-il, avec un accent
méridional prononcé, mais en fort bon français,
me permettre d'offrir ces fruits à mes compatriotes.

Une offre aussi gracieuse ne se pouvait refuser.

Pendant que l'équipage du canot se gorgeait
de bananes, d'avocats et de cocos, j'entrai en
conversation avec mon inconnu. Il était Corse.
Il me conta l'histoire suivante... Est-elle bien
vraie?... Trop souvent, en pays étranger, les
Français ont de sérieux motifs de déguiser leur
passé [1].

1. Souvent, à l'étranger, les Français accusent les officiers de
marine d'une grande froideur pour leurs compatriotes. Les
voyages rendent, en effet, très réservé... On se guérit vite quand
on est expansif.

Pour ma part je débutai, dans ma jeunesse, par des relations
assez intimes avec deux forçats très séduisants. Je les connus
tous deux à La Havane.

Le premier avait asséché successivement deux caisses à Lyon,
puis à Paris. Il put s'échapper en Amérique. Condamné par contumace, on obtint son extradition. Longtemps il se déroba aux
recherches de la police, et, sous un nom d'emprunt, épousa la
fille d'un des premiers négociants de New-York, la plus mignonne créature de ce monde et de bien d'autres. Prévenu à

— Ma famille, me dit-il, des environs d’Ajac-
cio, habitait une petite propriété voisine de celle
des Fabiani. Pour resserrer l’union des deux
familles, on projeta de marier mon frère aîné
à l’aînée des Fabiani.

Tout à coup nos amis rompirent avec nous
sans raison, et bientôt nous apprîmes qu’un
riche propriétaire allait épouser la fiancée de
mon frère. Le jour du mariage, redoutant une
catastrophe, je ne quittai pas mon frère de vue ;
je ne le vis pas, sans terreur, prendre le chemin
de l’église à l’heure de la cérémonie. La nouvelle mariée radieuse, fière de son brillant
mariage, ne se sentait point menacée de malheurs si prochains. Quand le prêtre unit les
mains des deux époux, mon frère, caché derrière un pilier, pâle comme une statue, chan-
cela, puis tomba raide sur les dalles. Il s’était

temps des recherches dont il était l’objet, il s’enfuit accompagné
de sa femme et vint à la Havane, où je fis sa connaissance. Tra-
qué de nouveau, il prit la route du Venezuela avec sa malheureuse compagne. Ce fut alors que nous connûmes son histoire
et le dévouement de sa femme... Pauvre petite! fallait-il la
blâmer ou la louer? En tout cas, elle était grosse et bien à
plaindre.

Mon autre ami galérien — qui n’était pas Français, il est vrai,
— portait, à l’époque de notre liaison, le nom de don José de
Birmingham... un homme de toute beauté avec des manières
charmantes. Il exerçait la singulière profession de se marier. Il
se mariait, mangeait la dot de sa femme et allait se marier ailleurs. Déjà condamné pour bigamie en Angleterre, en France et
en Espagne, il venait de se marier encore à La Havane.

La police ne put établir son identité qu’après sa fuite avec les
débris de la quatrième dot.

enfoncé, dans le cœur, son couteau jusqu'au manche.

Longtemps je rodai autour de la maison des Fabiani, car, avec mon fusil à deux coups, je voulais faire coup double : une balle pour l'époux, une balle pour le beau-père. La Providence me guida... Après trois jours de manœuvre pour trouver une occasion propice, j'avais la joie de voir les Fabiani en deuil de leur chef et de leur nouvel allié. Quant à moi, je pus me dérober aux poursuites et gagner cette contrée sauvage où je vis isolé. Jamais je ne reverrai mon pays ni ma famille... il y a prescription au bout de trente ans... mais si, dans trente ans, je retourne à mon foyer, ce sera pour le trouver vide et pleurer sur des tombes.

LA TRINIDAD

PORT D'ESPAGNE

1848

Le gouverneur de la Trinidad est un beau spécimen de cette aristocratie anglaise, si riche en puissantes individualités. Il a trente ans et possède une immense fortune qui ne dépare pas son mérite.

De l'hôtel du gouvernement dépendent de magnifiques jardins où le noble lord rassemble, à grands frais, toutes sortes de plantes rares ou curieuses. L'une des plus remarquables est l'arbre du voyageur, importé de la côte ferme par les soins de son Excellence. On dirait un immense éventail à long manche; toutes les feuilles de ce palmier, orientées dans le même plan, affectent à leur base la forme d'un cornet. Les pluies et la rosée remplissent ces cornets et filtrent dans la tige ; quand on la saigne, il en jaillit un frais breuvage. J'ai vu cet arbre singulier dans le jardin du gouverneur, mais je ne l'ai jamais rencontré, quand j'avais soif, dans les forêts du Nouveau-Monde. Il est peut-être une preuve de l'ingéniosité de la Providence, il n'en est pas une de sa bonté.

Le gouverneur invita l'état major à dîner.

Son secrétaire nous avertit de ne point nous inquiéter du retour, toutes les précautions étant prises pour le cas où des libations trop abondantes ne nous permettraient pas de nous guider seuls. N'est-il pas étrange de voir, en Angleterre, des gens du meilleur monde n'avoir nulle honte de s'enivrer comme des portefaix [1].

Je caractériserai la cuisine du gouverneur par ses suites. Pendant huit jours, j'eus une soif à dessécher les fontaines, un palais à prendre des piments enragés pour des choux à la crème. Du potage au dessert — où l'on servit du gingembre — il me semblait avaler des charbons allumés. Si dans l'enfer on banquette, Satan doit nourrir ainsi ses administrés.

D'Albion craignez tout, mais surtout sa cuisine.

En revanche le couvert était féerique.

Dans de merveilleux vases argent et or, sculptés et ciselés comme des œuvres de Benvenuto,

---

1. Ne pas oublier qu'il s'agit de 1848.

des feuillages étranges, d'énormes fleurs aux couleurs brillantes charmaient le regard.

Vers la fin du repas, les convives se passèrent une coupe où chacun trempa ses lèvres; ainsi faisaient les héros d'Homère.

« La coupe circule…, » dit le divin aveugle.

Il y avait aussi des pièces de bœuf à calmer l'appétit d'Achille et de ses compagnons.

Dieu sait combien on porta de toasts…

A la reine,

A la République française,

A la marine française,

A la marine anglaise,

Au diable et à ses cornes, je crois…

Néanmoins, pour regagner le bord nous n'eûmes nul besoin des secours prévus par M. le secrétaire.

VENEZUELA

En mer, 3 juillet 1882.

Nous voici dans les alisés de S. E.

C'est plaisir de naviguer au plus près du vent dans les alisés ; une fois la voilure établie, on n'a plus à y toucher, un enfant gouvernerait le vaisseau. Là, les vents — ailleurs si capricieux en apparence — ont la constance et la régularité des phénomènes astronomiques.

Pendant plusieurs jours pas de préoccupations, rien à faire, si ce n'est à porter, à midi, sur la carte, le point où les vents nous ont poussés.

Reprenons tranquillement nos souvenirs de jeunesse.

LA MARGUERITE

1848

Les côtes de l'île Marguerite ont l'aspect sauvage de nos côtes de Bretagne. Çà et là, sous les rayons de l'ardent soleil, des rochers brillent d'une blancheur de neige. C'est la garde-robe de MM. les oiseaux de mer, et cette neige est un vil guano. Hélas!... il en est souvent ainsi des plus belles choses quand on les voit de trop près — des hommes surtout. Le temps ou la distance dérobent aux regards bien des difformités ; de là notre disposition à médire du présent en exaltant le passé.

Nous entrons dans la baie de San-Juan-Griegos — au fond se détachent sur une verdure intense les maisons blanches aux tuiles rouges qui composent la ville, déployée sur une seule ligne le long du littoral.

Au centre de la baie, sur un îlot, s'élève un fortin aux trois quarts démantelé, armé de trois ou quatre mauvais canons. Ces derniers jours, Paez vint avec quelques navires tenter un débarquement. Le petit fort fit rage et mit en fuite l'escadre des factiosos.

> Il n'est si poltron sur la terre,
> Qui ne puisse trouver un plus poltron que soi.

Quand nous eûmes mouillé, un officier de la
douane vint nous demander d'où nous venions.
Il avait l'air tellement misérable que l'un de
nous lui fit présent d'une vieille culotte pour le
récompenser de son patriotisme, car ce douanier
héroïque portait fièrement en grosses lettres
sur sa casquette cirée :

VINCIR O MORIR

La race rouge domine, elle y est fort belle.
Les femmes ont des yeux terriblement noirs,
voluptueux, mélancoliques et de splendides che-
velures ornées de fleurs des bois. Elles portent,
pour tout costume, une ample robe d'indienne.
On admire leur grâce naturelle, leur noncha-
lance coquette ; et, dans les campagnes , les
jeunes filles qui travaillent à la terre offrent
une finesse de traits inconnue parmi nos pay-
sannes joufflues.

Je reverrai longtemps une de ces gentilles
campagnardes, assise à l'ombre d'un grand ta-
marinier, pensive, le coude sur le genou, la
tête posée sur la main, les cheveux épars sur
les épaules.

Je la contemplais en silence, mais mon cœur
lui demandait :

A quoi songez-vous, jeune fille ?... Vous ne
connaissez sûrement pas les tourments de l'a-
mour ; qui pourrait vous voir sans vous aimer ?

Elle sortit de sa rêverie et me regarda de ses grands yeux étonnés ; je m'éloignai, je ne sais pourquoi, le cœur serré.

Un délicieux climat, celui de la Marguerite ; le plus souvent on y dort, la nuit, dans un grand hamac, en plein air.

Pays plantureux où perroquets, volailles, cochons de lait, lapins se vendent à vil prix. La vie y est douce. Là, les bienheureux enfants de la nature n'ont qu'à presser ses mamelles gonflées... J'aime ces contrées bénies où le soleil, travaillant pour tous, permet d'aimer et rêver à l'aise.

Mais, quel paradis pour un chasseur !... Les lapins pullulent, nous avons fait une vraie Saint-Barthélemy de ces innocents. Hourrah !... nos estomacs se réjouissent de ne plus ingérer le lard rance de la République et ses haricots indigestes et tumultueux.

LA GUAYRA

La Guayra s'élève en amphithéâtre au pied d'une longue chaîne de montagne presque à pic de deux mille mètres de hauteur, une ceinture de fortifications l'entoure et la mer bat d'un côté ses murailles. L'aspect de la ville est trompeur ;

vue du large, étagée en gradins, on la prend
pour une grande cité. Les maisons roses, jaune-
serin, bleues ou d'une blancheur éclatante resplendissent sous les rayons enflammés du
soleil; l'air paraît embrâsé et, du pont du brick,
on se demande si les citoyens de la ville sont
plus à l'aise que les habitants de Sodome et
Gomorrhe pendant la pluie de feu.

Aucune pointe, aucun îlot, aucune sinuosité
de la côte ne protège la rade, où la mer toujours houleuse déferle sur la plage par les plus
grands calmes. On s'estime heureux de débar-
quer avec un simple bain de siège, souvent
canot et personnel sont roulés du même coup
dans les brisants. A terre, du reste, on jouit de
l'ombre des bords de son chapeau, et le soleil se
charge de vous sécher en un clin d'œil.

Mourant de soif et n'osant entrer dans les
hideuses tavernes qui s'offraient à ma vue, j'entrai dans une église, me souvenant avoir lu
jadis dans mon livre de messe, que c'est un lieu
de rafraîchissement, de lumière et de paix.

Bien aérée, l'église me sembla, en effet, relativement fraîche. On y voit étendus, pêle-mêle,
sur les dalles, grandes dames et gueux en hail-
lons... les Espagnols prennent au sérieux l'égalité dans l'église; j'adore l'égalité, mais je déteste les pouilleux. Les femmes, assises sur des
tapis, jouent de l'éventail et de la prunelle sous
leurs mantilles. J'admirai leur élégant costume,

leur grâce à le porter, leurs opulentes cheve-
lures, etc., par-dessus tout, des yeux mendiant
une amoureuse aumône.

En un coin, j'avisai sur un escabeau un vieux
moine, le moine le plus sale et le plus dégoû-
tant depuis que le monde moinant moina de
moinerie. A ses pieds, une femme agenouillée,
suffoquée par le désespoir, gémissait la mantille
levée; ses longues tresses ramenées en avant
tombaient sur ses genoux. De ses yeux — des
yeux à damner saint Antoine — roulaient de
grosses larmes. Que diable avait donc commis
la belle désolée?... et quel contraste entre cette
beauté suppliante et la laideur farouche de ce
sombre et dur inquisiteur.

Elle a beaucoup aimé, sans doute, pardonnez-
lui beaucoup.

Un coup d'éponge, s'il vous plait; nettoyez-
moi vite cette jolie petite âme un peu maculée...
renvoyez-moi cette ravissante créature avec
une bonne absolution qui la console... Sans les
charmantes pécheresses, à quoi bon les débar-
bouilleurs de conscience?

Les dames ne sortent point de leurs maisons,
si ce n'est le dimanche pour se rendre à la messe
et rarement, dans la semaine, pour leurs dévo-
tions; cette vie sédentaire les fait tourner de
bonne heure à la graisse. L'absence complète
de femmes dans les rues donne à la ville un
aspect triste et mort; jamais je n'ai éprouvé le

moindre plaisir à voir circuler mes semblables.

Les soirées sont plus gaies, tous les rez-de-chaussée — le plus souvent les maisons n'ont pas d'étage — sont garnis de personnes du sexe agréable; assises dans leurs fenêtres très basses, derrière de grandes grilles, elles ont l'air d'oiseaux en cage ou de pauvres prisonnières...

Non, elles rient de trop bon cœur.

Ne vous y trompez pas, ces grilles sont l'instrument et l'emblème d'une sage liberté.

La coutume permet, en effet, aux jeunes gens de courtiser les jeunes filles à la fenêtre. Les amoureux peuvent tout se dire à l'oreille, se serrer la main. Au moment de la séparation, la belle donne à baiser le bout de ses doigts, et même quelquefois, à la dérobée, les lèvres; on fleurète pendant des mois et l'on arrive à l'intimité avant le mariage.

J'admire ces mœurs.

Notre façon d'agir, à nous autres Français, me semble bien étrange; on ne peut parler à une jeune fille, lui conter ses projets, lui confier sa manière d'entendre la vie, de comprendre l'amour et le mariage. Pour lui parler à cœur ouvert, *pour avoir l'entrée de la maison,* il faut avoir déjà pris, vis-à-vis des parents et du monde, un engagement moral que l'honneur ne permet guère de rompre.

D'autre part, la licence anglo-saxonne m'effraye, je ne puis la croire sans périls; j'aime encore mieux notre réserve outrée.

Derrière ces grilles, des yeux incendiaires lancent des étincelles, dont plus d'une fois, en passant, mon pauvre cœur a senti les brûlures.

On ne peut faire vingt pas dans la ville sans en remarquer le pavage, formé de cailloux aigus dressés la pointe en l'air; c'est sans doute une invention de cordonnier ou de guérisseur d'entorses. Ce système de destruction de la chaussure est quasi-réglementaire dans les colonies espagnoles.

Il y a dans la ville cloches et moines; d'après le proverbe, les filles ne doivent pas manquer... elles ne manquent point.

Dans les rues consacrées au culte de Vénus, les prêtresses étendent leur shall sur le pavé, et le passant continue son chemin en lançant une bouffée de sa cigarette.

Les troupes de la Guayra se ressentent du voisinage de la capitale, elles y sont relativement bien tenues. Leur équipement se compose d'un pantalon blanc à bande bleue, d'un veston blanc, d'un bonnet de police, moitié rouge, moitié bleu, d'une hauteur démesurée. Le fourreau de baïonnette et la giberne pendent à l'extrémité de buffleteries blanches croisées sur la poitrine, plus un couteau passé dans une étroite ceinture de cuir. On compte plus de soldats et moins de capitaines.

J'allai dans la montagne faire une expédition cynégétique avec deux autres aspirants.

Bien longtemps avant le lever du soleil, sous le couvert de majestueuses forêts, nous gravissons les hauteurs qui dominent la Guayra. Chemin faisant, faute de mieux, nous massacrons de pauvres oisillons destinés à la brochette pour notre déjeûner. D'ailleurs nous portons du jambon, plus quelques fioles pour l'arroser, conformément au conseil de Panurge, toujours muni, sous sa robe, d'une bouteille et d'un jambon en guise de scapulaire.

La route s'élève en ligne quasi-verticale, nous la grimpons quatre heures sans nous reposer; quand nous nous tournons vers la mer, l'horizon disparaît, le ciel et l'océan se confondent dans une vague brume lointaine.

Il est temps de déjeûner, mais il faut de l'eau.

Un beau ruisseau descend des hauteurs, traverse la Guayra, nous devons le retrouver dans la montagne. Au bout de quelque temps de marche à travers les brousses enchevêtrées, sans autre guide que mon instinct de chasseur, nous entendons mugir un torrent. Il ne s'agit plus que de descendre un précipice d'une centaine de mètres, dans un terrain friable qui s'éboule sous nos pieds et d'où se détachent, en roulant, des pierres; il faut avoir soin de marcher de manière à ne pas les envoyer dans les jambes de ses compagnons. L'humidité répandue dans l'air, par les vapeurs et la pulvérisation de l'eau dans sa chûte, féconde cette gorge d'un luxe de végétation éblouissant. Des plantes rampantes nous tendent des cordages naturels fort utiles pour la descente. Sur notre chemin, se présentent des citronniers et des bananiers sauvages dont nous tirerons parti pour notre festin.

Enfin nous voici au fond du gouffre.

J'y suai sang et eau à frotter deux vieilles branches cassées; malgré ma persévérance, je n'obtins aucune élévation de température sensible même, je crois, au thermo-multiplicateur de Meloni, qui a pu constater cependant la chaleur lunaire. Je réunis ensuite un tas de feuilles sèches, et, comme le *fidus Achates*, je frappai longtemps deux cailloux sans en faire jaillir la moindre étincelle; du moins les feuilles ne manifestèrent aucune intention de s'allumer. A mon grand regret, il me fallut recourir à l'allumette chimique et au papier, obligé de confesser qu'au fond un civilisé est plus bête et plus maladroit qu'un sauvage.

Bientôt le feu pétille à notre grande joie, car la vue de la flamme réjouit toujours. Après avoir mis nos bananes à cuire sous la cendre, nous jugeons le moment venu de laver, dans l'eau fraîche et claire, nos pauvres corps couverts de poussière et de sueur.

Décrivons les lieux, ils en valent la peine.

Sur les flancs du ravin, du sein de la plus
riche végétation d'arbustes et de plantes variées
s'élèvent des troncs d'arbres immenses, disparaissant sous un fouillis de lianes, d'orchidées,
de toutes sortes de plantes grimpantes, de fou-
gères, de mousses, de parasites éclatants ; le
torrent répand sur tout ce feuillage une merveilleuse fraîcheur. Nous avons établi notre
camp au pied d'une cascade qui projette en
grondant sa coulée de poussière de perles dans
une vasque comme Calypso n'en posséda jamais ;
de cette vasque, l'eau bouillonnante retombe à
peu près d'une hauteur égale dans un bassin
où elle se calme, pour fuir à travers des roseaux,
s'arrêtant parfois contre une roche éboulée qui
lui barre le passage. Des bords du torrent
s'élèvent à une hauteur prodigieuse des arbres
au tronc nu, grêle comme une tige de palmier.
Les roches noires du haut de la cascade, plus
noires encore par leur contraste avec la blanche
écume, tranchent sur le fond vert de la voûte
feuillue, à travers laquelle percent à peine,
comme des saphirs, quelques points bleus du
ciel.

Après nous être baignés, nous vaquons, dans
l'antique costume du paradis terrestre, à des
occupations diverses. L'un de nous, pour conserver le souvenir de la journée, a tiré de sa
gibecière un album et dessine les magnifiques
décors, dont nous contemplons avec ravisse-

ment l'imposant spectacle ; l'autre cherche du bois sec et entretient le feu ; moi je plume notre maigre chasse, des oiseaux au ravissant plumage, plus dignes d'orner un buisson de naturaliste, que de figurer en rôti... mais ventre affamé n'a pas plus d'yeux que d'oreilles.

Le gibier vidé et plumé, il s'agit de le cuire ; de chaque côté d'une belle braise, j'enfonce une fourche coupée dans des branches d'arbrisseau, elles supportent la brochette d'oiseaux enfilés sur une baguette prise aussi dans la forêt... notre gibier prend une couleur dorée, un aspect appétissant. Hélas !... le bois vert, dont j'avais embroché nos victimes, leur avait communiqué un goût si détestable, qu'il nous fallut jeter ce rôti préparé avec tant de soin, sur lequel nos estomacs avaient fondé de si hautes espérances. Si les sauvages ont beaucoup à apprendre pour devenir des civilisés, nous n'avons pas moins à faire pour nous élever à la hauteur d'un sauvage.

Les bananes étaient transformées en carbone comme dans une cornue de chimiste.

Je compris alors combien mes compagnons avaient été prudents en emportant, malgré moi, des vivres ; car j'avais l'idée fixe de passer une journée complète en vrai fils de la nature. Je voulais quitter le bord, vêtu de ma plombière et de ma poire à poudre. On eut grand'peine à me faire comprendre qu'à mon débarquement au quai, la police, pour ne pas me mettre la main au collet, ne m'en fourrerait pas moins au violon... que de plus, je serais infailliblement cuit par le soleil.

A mon grand chagrin, je dus confesser combien j'avais misérablement échoué dans mon apprentissage d'enfant libre des bois ; pour me consoler, je me jetai avec fureur sur ces provisions dédaignées comme un indigne produit d'une civilisation méprisable.

L'aspect des lieux — peut-être bien aussi la poétique influence de la divine liqueur de Bacchus — m'entraîne en pleine idylle. Télémaque revit dans ma pensée. La Calypso de papier, mes premières amours, la sœur de Paez (Calypso de la Trinidad), m'apparaissent dans toute leur splendeur naturelle ; je vois celle-ci se baigner au torrent.

Tournant de plus en plus au grec, j'offre des libations à Pan, aux divinités champêtres... j'invoque les nymphes et les dryades.

Pourquoi quelques immortelles, dans leur chaste vêtement olympien, ne se mêlent-elles pas à nos jeux ?... la fête serait complète.

Mais les nymphes s'obstinent à se cacher dans les roseaux, les dryades refusent de sortir de l'écorce des arbres.

Après avoir dévoré à la fois comme les héros d'Homère, le muletier de Guzman d'Alfarache, et le flatteur qui engouffra la truite de Gil-Blas

— nous nous étendîmes — toujours dans notre appareil adamique — pour fumer un calumet en l'honneur du Grand Esprit (cérémonie religieuse indienne que j'apprécie fort)... l'intention est tout ; culotter des pipes pour plaire à l'Être suprême est un acte religieux qui en vaut bien un autre.

D'affreuses démangeaisons nous réveillent en sursaut, une innombrable armée de fourmis monte à l'assaut de nos personnes.

Un bond sous la cascade nous délivre de nos ennemis.

Puis nous reprenons le chemin du bord.

Après avoir dîné en affamé, je m'endors dans la chaloupe, blotti dans le foin des moutons. Toute la nuit le torrent bourdonne à mes oreilles, je rêve nymphes et cascades... une nymphe toute mouillée se penche vers moi ; des gouttes d'eau tombent de ses cheveux ruisselants sur mon visage, elle me dit :

— Reste avec nous .. quitte ce monde bête de la civilisation où l'on est savetier, marchand de peaux de lapin, journaliste... mais où l'on n'est plus homme. Viens habiter avec nous les pays enchantés de la fable et de la fantaisie ; toutes les réalités ne valent pas un beau rêve.

Je répondis avec humeur à cette dignité aquatique :

— Un baiser de femme est une réalité, je n'apprécie pas les baisers en rêve ; j'aime les femmes en chair et je me moque des immortelles.

On ne gâtait pas les aspirants alors.

Nous étions nombreux à bord du *Cygne;* il n'y avait dans notre poste, que quatre places pour le couchage et nous étions dix.

Quand il pleuvait, je m'étendais dans un coin du faux pont, n'importe où, toujours tracassé par des myriades de cancrelacs, quelquefois piqué par un des cent-pieds ou scorpions dont le bord était infesté.

Dans les temps secs, je dormais à la belle étoile, à plat pont, quand il n'y avait pas de foin dans la chaloupe. Aussi avais-je le cœur serré, quand je voyais porter aux moutons leur pitance... je m'indignais de la froide indifférence avec laquelle ces sottes bêtes ruminaient mon lit. Le sommeil était doux alors, si la couche était dure. Je fréquentais des fées mignonnes, de petites marquises, de nobles châtelaines; l'orgueilleuse Junon elle-même, vêtue d'une légère ceinture de nuages, dans son char traîné par des paons, m'honorait de ses visites. J'ai reçu les plus tendres caresses d'elfes aux cheveux de flammes, d'ondines à la verte chevelure. Souvent aussi ma chère morte venait m'embrasser. De son vivant, elle avait le pur visage des vierges de Raphaël, des cheveux d'or et des yeux bleus perdus dans le ciel. Elle n'aimait que le Christ et son temps s'écoulait

en prières, aussi je n'osai lui confier mon amour;
sur cette terre, elle vivait en compagnie de la
Vierge et des anges. Mais après sa mort, elle
changea tout à coup et devint fort dévergon-
dée... elle, si chaste jadis, venait me voir dans
un costume que je n'aurais jamais cru de mise
au paradis. Elle m'apprit qu'on mène chez les
saints une existence fort échevelée, on n'y tolère
point les vierges ; elle ajoutait : si j'avais su
cela, quand j'étais sur la terre !

Souvent je reposais près de la caronade qui
tirait le coup de canon de la diane; tambours,
clairons, coup de canon ne me réveillaient pas.

Je ne buvais pas de chloral, je ne demandais
pas le calme au bromure.

VENEZUELA

1849

PUERTO-CABELLO

La ville de Puerto-Cabello, bâtie au milieu de marais d'eau salée, possède un port profond et sûr. Un beau fort à fleur d'eau défend l'entrée. La ville et le fort sont armés en guerre, Paez pouvant tenter une descente à tout moment. Une vingtaine de canons, dignes frères de ceux de Guiria, sont éparpillés dans quelques embrasures.

C'était mon tour de corvée, je fus désigné pour aller traiter du salut avec le commandant du fort. Ledit guerrier étant absent de sa forteresse, je le cherchai longtemps en vain. Après bien des courses infructueuses, je mis la main sur une personne obligeante qui me montra une horrible taverne dans laquelle venait d'entrer ce militaire.

Je pénétrai résolument dans le bouge et demandai le commandant du fort.

Vêtu d'un paletot reluisant de graisse, d'une chemise non lavée depuis un mois, d'un pantalon blanc qui, depuis l'achat, n'avait pas connu le blanchissage, un vieux nègre, sentant le bouc, prenait un petit verre sur le comptoir.

A ma demande, il se redressa avec orgueil et me dit d'une voix haute :

— Le commandant du fort !... C'est moi.

Je lui expliquai le but de ma visite.

— Très bien ! répondit-il... mes canons sont prêts, votre salut vous sera immédiatement rendu coup pour coup.

Pour ne pas froisser ce personnage, fier comme un grand d'Espagne, il me fallut avaler le verre de tord-boyau qu'il m'offrit. A la suite de cette politesse, il battit un entrechat avec des poses risquées et me dit :

— Venez visiter mon fort, vous y verrez des soldats déguenillés, mais prêts à pointer leurs canons contre la tyrannie.

Je m'excusai, ayant à rendre compte de ma mission le plus tôt possible.

La conscription étant manifestement attentatoire à la liberté individuelle, il n'y a pas de conscription dans le Venezuela. Voici comment on procède au recrutement des *volontaires*.

On expédie en campagne une vingtaine de *llaneros*, gens dont le métier est de lacer les chevaux et les bœufs ; ils lacent tous les nègres qu'ils rencontrent, leur amarrent les mains derrière le dos et conduisent en troupeau ce bétail humain à Valence, où on lui donne lecture de la Constitution et des droits de l'homme. Puis une proclamation apprend à ces futurs héros combien il est beau de combattre pour la patrie et la liberté. Toutefois, comme la contrainte est contraire aux principes, on leur laisse la faculté de se faire fusiller. Les capturés, préférant la gloire à la mort, se trouvent, par ce libre choix, métamorphosés en incontestables volontaires. Ces formalités remplies, on les envoie — toujours les mains derrière le dos — au fort de Puerto-Cabello, où la garnison les accueille aux cris de *Viva la libertad !* De là, ces défenseurs de la République sont expédiés sur les divers points du territoire, où se fait sentir le besoin d'intrépides guerriers.

C'est aujourd'hui le premier de l'an (1849).
Date facile à retenir.
A trois heures du matin, quand on me réveille, je rêvais au foyer maternel.
Un sentiment de tristesse bien naturelle s'empare de moi en songeant à la bonne vieille qui pense à son fils sans doute, qui, dans ce moment peut-être, à genoux, prie pour lui... car elle est matinale ; au pays, il fait déjà jour. Je suis si loin de tout ce qui m'aime ! En ouvrant les

yeux, j'en suis sûr, sa pensée s'est tournée vers l'absent... Elle se chagrine de ne pas recevoir mes vœux aux premières heures de l'année.

Je ne verrai pas non plus celle-là que j'aime d'un amour profond et silencieux, je ne lui porterai pas dans la matinée ses bonbons, je ne poserai pas avec embarras mes lèvres sur sa joue rose... pour l'embrasser, il faut le premier de l'an ou le retour.

En compensation, pas de sottes visites d'amitié à des gens que l'on déteste, à des parents qui ne sont vos parents que pour vous causer cet ennui annuel.

En costume de chasse, le fusil en bandoulière, nous débarquons au quai, où six baudets nous attendent ; éclairée par les étoiles, la cavalcade d'aspirants, au grand trot des coursiers à longues oreilles, prend la route de Valence. Avant le jour, nous arrivons à une misérable possada dont l'aubergiste doit nous servir de guide. A notre arrivée dans la salle sordide aux murs blanchis à la chaux, décrépits par plaques, on allume une mèche trempée dans l'huile ; fumeuse et rougeâtre, elle éclaire lugubrement au fond le buste en plâtre de Napoléon.

> Partout sa grande image...

Ce maudit Corse, Dieu me pardonne, fait concurrence à la croix.

Assis sur des escabeaux branlants, autour d'une table repoussante de malpropreté, nous humons un chocolat délicieux. Quand on déguste le chocolat dans une possada du Venezuela, on ne trouve pas exagéré le nom de *nourriture céleste* (theobroma) donné par Linné au cacaoyer.

Il fait sombre quand nous entrons dans le bois ; aux premières clartés de l'aube, l'obscurité se dissipe lentement sous l'épais feuillage.

Tout à coup le sentier débouche sur un lagon circulaire d'environ 400 mètres de diamètre. En ce moment, le soleil se lève au-dessus de la forêt, noire encore des ombres de la nuit du côté de l'orient, tandis que le côté opposé du marigot est en pleine lumière.

Le miroir liquide nous donne l'image renversée des colosses séculaires qui viennent jusqu'aux bords baigner leurs pieds dans l'onde. La multitude d'oiseaux nageurs de tous genres, dispersés sur le grand bassin, salue des cris de joie le disque radieux paraissant à travers les cimes des arbres... Beaucoup d'entre eux se querellent, et, dans leurs disputes animées, brisent de leurs coups d'ailes l'image de la forêt.

Mais ce qui donne à ce décor magique un cachet tout particulier c'est la présence d'un Indien armé d'un fusil, dans l'eau jusqu'à la ceinture, éclairé par les rayons du soleil levant ; sous ces rouges rayons, sa peau rouge elle-même prend un éclat de sang.

Il vint à nous, vêtu d'un chiffon de toile grand comme la main, portant, dans un petit sac pendu sous l'aisselle, sa poire à poudre et ses balles. Il n'a rien tué, ne tirant que la grosse bête ; le plomb est trop cher pour qu'il se livre à la même chasse que nous.

C'est un homme de haute stature, admirablement modelé ; de fins et longs cheveux noirs encadrent sa figure intelligente. Il vient à nous et nous tend la main ; suivant la coutume du pays, nous lui serrons les phalanges comme à un vieil ami. Il parlait quelques mots d'espagnol et s'entendait fort bien avec notre guide-aubergiste.

L'Indien se proposa pour rapporter le gibier, quand il tomberait sous nos coups ; nous acceptons avec enthousiasme par défiance des caïmans, avec lesquels lui, au contraire, vit en excellents termes.

Elle est bien misérable sans doute l'existence de cet homme ; cependant, elle me fait envie... parce qu'elle est en parfaite harmonie avec mes instincts : l'horreur du monde, le culte de la nature, l'amour de l'indépendance, un invincible penchant pour la solitude et la vie contemplative.

Absorbé par la recherche journalière des moyens d'existence, je ne connaîtrais pas ces deux tourments : le doute, un amour malheureux.

Rien ne peut guérir ces deux plaies de mon cœur saignant, les caresses des courtisanes n'ont fait que les irriter, l'activité de la vie du marin n'en a pu calmer les souffrances.

Et puis, cette civilisation si vantée m'assomme.

A part le métier de marin — parfois aussi bien bête — est-il une existence plus stupide que celle d'un civilisé?... N'est-ce pas une pure végétation la vie de la plupart des humains? Ne vaut-il pas mieux errer dans les bois en sauvage que de passer ses jours à peser du sucre sur un comptoir, à chiffrer assis sur un rond de cuir, à pomper à jet continu un feuilleton à trois sous la ligne?

Combien y a-t-il d'hommes dans une nation de quarante millions d'âmes?... Çà des âmes!... alors pour sûr mon caniche a une âme et ma vieille bonne a raison, quand elle dit en parlant de ce quadrupède plein de cœur : pour faire un chrétien, il ne lui manque que d'être baptisé.

Laissons ces pensers amers, en chasse!... le gibier est là.

Après adoption du plan de bataille et distribution des postes, on me désigne pour ouvrir le feu.

Nous étions six, chacun de nous se porta à l'un des sommets de l'hexagone inscrit dans le bassin.

Le premier coup de fusil ravagea la foule de

7

ces innocents, si joyeux de s'ébattre à la face du ciel. La gent pennée s'éleva en tourbillon puis se réunit en colonne, et toute cette masse ailée, compacte, suivant un mouvement circulaire, fit le tour du lac en passant successivement devant chacun de nous.

Il y avait des canards, des sarcelles, surtout des échassiers blancs aux ailes noires, ressemblant à de gros pluviers qui, à notre arrivée, se promenaient entre les racines et les troncs d'arbres sur le pourtour du marigot.

La bande des volatiles, en un seul bloc, malgré la diversité des espèces, tourne comme un cheval dans un cirque, toujours sous le feu de l'un des chasseurs ; les victimes tombent dru comme grêle et les plumes flottent dans l'air comme de la neige par calme. Enfin les pauvres affolés se développent en un long ruban et dirigent leur vol au-dessus de la forêt.

Nous entrons dans l'eau jusqu'à la ceinture pour achever les blessés et massacrer de petits plongeons qu'à dîner nous trouvâmes excellents.

L'Indien suivait du regard les émigrants chassés de lieux manifestement bien chers, là beaucoup d'entre eux, brisant leur coque d'œuf, avaient pour la première fois vu le jour... Notre peau-rouge nous dit connaître le marais où les exilés s'étaient remisés et se chargea de nous y conduire.

Souvent nous marchons sous bois, en suivant un étroit sentier où nous n'apercevons que de rares tourterelles ; parfois nous traversons de petites savanes où notre guide nous montre les traces de cerfs et d'une grande variété de gros gibier. On s'étonne de ne jamais voir ces fauves sans doute fort nombreux. En somme le silence, la rareté des êtres animés et des fleurs frappent tout d'abord le voyageur dans les grands bois.

En revanche, les marais sont généralement fort peuplés, nous y recommençons nos massacres.

Débouchant de la forêt sur un lagon, je m'arrêtai court, saisi par une charmante surprise ; entre les arbres et l'eau s'étendait une large bordure de prairie, et, dans cette prairie, sur un arbre mort isolé, perchait un beau flamant-spatule, gros comme une oie, avec son large bec plat caractéristique et son ravissant plumage rose tendre d'une nuance si délicate. Mon cœur bat, pendant que je vise, puis bondit de joie, quand l'infortunée spatule tombe comme une masse inerte au pied de l'arbre sec. Quel désespoir si je l'avais manquée !... Pauvre spatule !... elle digérait, bénissant le ciel, quand elle tomba foudroyée... La vie lui était douce, car elle était grasse comme une Espagnole de quarante ans ; sans souffrance, elle entra dans un monde meilleur, frappée de cette mort

prompte et inopinée que désirait César. Hélas !...
nous sommes tous mortels — ou du moins
presque tous, car Élie monta tout vivant au
paradis — que nous ayons ou non des ailes
roses. Le lendemain, je pontifiai en découpant
ce superbe rôti, car je m'étais réservé cet honneur. Ah !... ce flamant-spatule m'a fait bien
des jaloux.

Dans les herbes courtes des marais, les bé-
cassines partent de tous côtés... pas plus faciles
d'ailleurs à tirer qu'en Europe ; il y a place à
côté pour le plomb. La bécassine, comme le
canard, est un oiseau cosmopolite, on la rencontre partout. Outre les poules d'eau, les
mêmes que celles de nos climats, nous abat-
tons des coqs de marais, élégant gibier au
corps brun rouge, avec deux ailes vertes comme
les premières feuilles du printemps.

M'étant écarté de mes compagnons pour visiter le bord de la forêt, je tombe brusquement
dans une petite clairière où sur un terrain de
gros graviers poussent disséminés de courts
arbustes chétifs et des plantes rabougries. Tout
à coup, derrière un bouquet d'arbustes, l'air
violemment fouetté siffle et le sable crie ; je me
mets en garde prêt à faire feu... devant moi se
développe un couple de boas de taille moyenne,
d'une douzaine de pieds environ. Ils se hâtent
de fuir, traçant à grande vitesse leurs zig-zags
sur le sol... Sans doute, je les avais dérangés

dans l'intimité nuptiale ; je regretterai toujours d'avoir manqué de si près une scène d'amour entre boas. Ils s'en allaient bien parallèlement de compagnie, fort près l'un de l'autre, comme deux époux qui se donnent le bras. Je leur appliquai à chacun un coup de fusil, sans autre résultat que d'activer leur fuite ; cependant mon fusil était chargé à gros plomb, et je les avais tirés à dix ou quinze pas au plus.

Nous rencontrons plusieurs petits caïmans de six pieds environ, notre peau-rouge leur donnait le nom de *Baba*, et les déclara inoffensifs.

Dans la végétation aquatique, vert clair, des bords du marigot, là où il y a peu de profondeur, l'Indien montre du doigt une sorte de fragment de bois mort ou une vieille branche de palétuvier ; on glisse une balle dans son fusil et l'on s'avance à pas de loup vers le simili bois mort. Bientôt on aperçoit deux yeux de chat fixés dans une longue tête plate. Rien ne bouge… on fait feu. L'eau jaillit battue par une longue queue, une longue gueule s'ouvre et se ferme en claquant et tout disparaît dans l'eau, à moins que la bête blessée à mort ne se torde convulsivement sur place.

L'Indien et l'aubergiste ont fait avec des lianes des paquets de nos victimes, tous deux ont bonne charge et chacun de nous porte cependant une large part des fruits de son adresse. Certainement si, à l'arrivée à la possada, nous avions réuni nos proies sur un seul âne, la pauvre bête eût ployé sous le fardeau.

Au retour, nous traversons la ville en triomphe avec un énorme faisceau de gibier pendu de chaque côté de la selle, comme des guerriers gaulois portant des têtes de vaincus. Jamais conquérants n'entrèrent avec plus d'orgueil, par la brèche, dans une ville emportée d'assaut.

On pratique à Puerto-Cabello, au premier de l'an, une coutume assez originale. Une urne reçoit le nom de jeunes gens, une autre le nom de señoritas ; on tire simultanément un nom de chaque urne et voilà, pour l'année, un couple formé. Pendant un an le nobio sera de corvée auprès de la nobia, il est son cavalier servant d'office et doit l'accompagner à toutes les fêtes, à tous les bals ; il ne lui est pas permis de la laisser sur sa chaise, si elle manque de danseurs. Comme nous partions dans quelques jours, je ne courais pas grand risque à jeter mon nom dans une urne.

Ma nobia me fut-elle désignée par le hasard ou par un méchant tour?... elle était noire, louche et nullement aimable. Je n'en fus pas moins fort galant dans la soirée, mais le lendemain, je lui envoyai des bonbons accompa-

gnés d'un billet tendre, m'excusant de ne
pouvoir lui faire la cour à sa fenêtre, un matelot m'ayant mis sur le flanc d'un coup de
couteau. Il n'y a pas de mal, dit le proverbe,
qui ne serve à bien.

. . . .

. . . .

Nous assistions, en effet, à cette époque à
une révolution dans la marine de guerre : l'abolition des peines corporelles, c'est-à-dire de la
cale et des coups de cordes.

Il me souvient d'avoir vu donner la cale, en
1846, à bord d'un vaisseau.

On hissa le condamné à la grand'vergue,
amarré par le milieu du corps, par les mains
au-dessus de la tête et par les pieds, au bout
et le long d'une corde munie à son extrémité
d'une gueuse (lingot de fer de 50 kilos), pour
faire tomber le patient bien perpendiculaire-
ment à la mer et pour obtenir une immersion
rapide.

L'équipage est en rangs sur le pont, la garde
assemblée, le tribunal en armes sur la dunette.
Le pavillon de justice flottant en tête du mât de
misaine, un coup de canon annoncent l'exécution à la rade.

On lâche tout, l'homme tombe, puis disparaît
sous l'eau bouillonnante.

Un taquet solidement attaché à la corde, en
arrivant à la poulie, arrête le déroulement et

empêche le patient de couler de plus de cinq à six mètres.

Une partie de l'équipage, disposée à cet effet, le rehisse à courir.

Dès que notre immergé fut hors de l'eau, une embarcation le détacha et le conduisit à l'échelle, qu'il monta fort allègrement ; il parut sur le pont, ruisselant, la tête haute, avec un sourire ironique et provocateur. D'où je conclus : ce supplice, d'une époque barbare, était en réalité plus effrayant que cruel.

Ce sacripant — un Corse trop disposé à jouer du couteau — n'avait reçu, il est vrai, qu'un coup de cale, et le code, avant 1848, permettait de donner trois coups de cale consécutifs.

Il ne faut pas blâmer trop légèrement les anciennes mœurs ; comme toutes choses passées, elles eurent leur raison d'être. Le châtiment était prompt, le condamné, lestement libéré de sa peine, rentrait aussitôt dans la vie commune. On faisait alors de longues campagnes sans communications avec la mère patrie, comment envoyer en France subir les condamnations ?... Au fond, vaut-il mieux envoyer un homme pourrir en prison, où il se démoralise ?... Il faut bien punir, cependant.

La suppression de la cale n'en répondait pas moins à un besoin universellement reconnu, les tribunaux appliquaient la loi avec une extrême répugnance ; le corps entier des officiers considérait cette torture comme un vieux legs du passé, incompatible avec les idées modernes.

On ne trouverait pas aujourd'hui un seul officier, je ne dis pas osant faire l'apologie des coups de corde, mais en désirant, dans son for intérieur, le rétablissement. En 1848, il était loin d'en être ainsi.

Tous les marins, après l'abolition de ce système pénal, déclarèrent la marine de guerre perdue, et, certes, les apparences leur donnaient raison.

La transition, comme toutes les transitions, fut douloureuse. Il semble impossible aux hommes de passer d'un régime à l'autre sans convulsions, comme à la nature de passer d'une période géologique à l'autre sans cataclysmes.

L'indiscipline monta au comble et — conséquence fatale de l'indiscipline — la maladie de la désertion infesta les équipages ; notre brick eut beaucoup à en souffrir.

La nuit, les matelots, pour déserter, amenaient les embarcations sous le nez des officiers, souvent obligés de faire le quart le pistolet au poing.

Je vois encore, au moment où je passais devant une taverne de Puerto-Cabello, le maître d'équipage déserteur, à la porte du cabaret, chanter en levant son verre :

> Le verre en main, gaîment je me confie
> Au Dieu des bonnes gens (*bis*).

Le dieu des bonnes gens ne lui fut pas propice.

Trois jours après, on trouvait, dans la rue, son cadavre percé de coups de couteau.

Aujourd'hui la discipline est autrement forte qu'en 1848.

Si quelqu'un racontait maintenant qu'un navire de guerre, enlevé par son équipage, exerce la piraterie, on s'irriterait de voir ce mauvais plaisant compter à ce point sur la naïveté de son auditoire. Tel fut cependant le sort du brick commandé par le comte de Pardaillan ; on ne connaît pas les détails du crime, mais on en a la certitude.

Par quel moyen est-on parvenu à l'état actuel vraiment excellent ?... Par les écoles.

Le moral du personnel a changé.

On n'a pas la ressource de changer le moral des bagnes, on ne choisit pas les forçats, on ne les prépare pas dans les écoles. Pour la direction des bagnes, l'abolition des coups de cordes pourrait bien ne pas être un bienfait comme elle l'a certainement été à bord des vaisseaux.

Aujourd'hui, sinon tous les matelots, du moins tous les matelots qui comptent à bord d'un navire, sortent d'une école. Canonniers, fusiliers, torpilleurs, timoniers, chauffeurs, mécaniciens, pour obtenir le brevet qui leur donne droit à un supplément de solde, ont dû faire preuve de bonne conduite, d'intelligence et de capacité.

Aussi la discipline se maintient-elle d'elle-même
à bord de nos vaisseaux, où l'on traite les hommes avec une grande douceur.

En revanche, parmi les brutes farouches de
la vieille marine, les *frères de la côte*, on trouvait des hommes terriblement trempés au physique et au moral ; leurs corps de fer bravaient
toutes les intempéries, comme leurs âmes, ca-
pables de tous les crimes, l'étaient aussi de tous
les héroïsmes... Ils étaient appropriés au genre
de navigation et de combat. Sur les navires,
comme partout, les hommes s'adaptent aux né-
cessités des temps.

Quelques jours avant le premier de l'an, je
rencontrai au café un capitaine américain déjà
bien gris, même pour un Américain. Il comman-
dait un navire de sa nation sur lequel le gouvernement légal avait mis l'embargo, l'ayant
pris, en flagrant délit, porteur de vivres et de
munitions de guerre pour les insurgés de Mara-
caïbo. Rien de plus conforme au droit des gens.
La grande République ne l'entendit pas ainsi
et signifia à l'infortuné Venezuela d'opter entre
la restitution du bateau et la guerre.

Le droit est décidément bien peu de chose,
quand il ne s'appuie pas sur de gentils canons.
La raison du plus fort est toujours la meilleure,
les grandes nations le font volontiers sentir aux
petites.

Dans un langage où, sous prétexte de parler français, le citoyen de l'Union faisait une macédoine d'anglais, d'espagnol et de langues inconnues, il m'apprit que le gouvernement venezuelien lui payait 100 piastres par jour pour sa méchante barque, en attendant le règlement définitif de l'indemnité réclamée. L'eau-de-vie le rendait de plus en plus expansif, tendre et francomane; plus d'ailleurs il buvait, plus son baragouin devenait inintelligible. A tous moments, il revenait *à la fillette*. Je pensais en moi-même, l'ivrésse le rend égrillard. Tout à coup, il entra en colère et me dit d'un ton furieux :

— Comment ! vous n'aimez pas la fillette ?

A quoi je lui répondis par le refrain de Béranger :

Tant qu'on le pourra
Larirette
On se damnera
Larira
Tant qu'on le pourra.

. . . .

Aimera
Toujours la fillette
Tant qu'on le pourra
Larirette.

. . . .

Ce chant harmonieux agit sur l'ivrogne comme la harpe de David sur le roi Saül.

— C'est un bien grand homme ! reprit-il un peu calmé.

Du coup je n'y étais plus.

— Un grand général ! continua-t-il avec un hoquet.

Ma surprise redouble.

— Oh ! la fillette ! reprit-il en essayant en vain de se lever, la fillette !... C'est à vous deux, à toi et à la France, que nous devons notre liberté !

Enfin, j'y étais, et trinquant avec ce bachique admirateur de notre chère patrie, je m'écriai avec lui :

« Vive La Fayette ! »

. . . .

. . . .

Alors la France était populaire en Amérique.

Les Américains sont gens pratiques, ils ne gaspillent pas leur affection et sympathisent avec les forts, se conformant à cet apophtegme :

Le premier droit des peuples est l'ingratitude.

Apophtegme formulé par Proudhon lors de notre déclaration de guerre à l'Autriche. Seul en effet, dans le parti libéral, ce paradoxal écrivain, mais profond penseur, vit clair et prédit les conséquences de notre sotte intervention en faveur de nos éternels ennemis.

Les États-Unis, comme l'Italie, nous rappellent à l’antique sagesse : chacun pour soi et Dieu pour tous.

Mais si les Germano-Américains nous détestent, nous avons du moins, de l’autre côté de l’Océan, la sympathie des gens de notre race, des Irlandais d’Amérique. Ils sentent vaguement que la force des choses rapprochera un jour les divers membres de la famille gauloise, et qu’une République Irlandaise indépendante pourrait bien se former sous la protection de l’Empire Gaulois.

Puerto-Cabello fut le dernier point évacué par les Espagnols dans la guerre de l’Indépendance, guerre dans laquelle son excellent port l’appelait à jouer un premier rôle.

Rien n’était perdu pour la métropole, tant qu’elle conservait Puerto-Cabello... elle tenait toujours la pointe de son épée appuyée sur le cœur de l’ennemi.

Volontiers on estime, par le nombre des morts, l’influence des batailles sur le cours des événements, c’est du pur matérialisme. Bien souvent, au contraire, des poignées d’hommes décident de nos destinées et règlent la marche de l’humanité. Ces hommes représentent alors une idée nouvelle; ce sont des hommes de foi, car la seule vraie force ici-bas est la foi, foi en Dieu ou foi dans la liberté.

Pour mon compte, je ne connais aucun fait

de guerre égal en conséquences à la bataille du
Bedr, première victoire de Mahomet. L'armée
du prophète comptait 314 guerriers, 70 chameaux, 2 chevaux ; les Musulmans perdirent
14 hommes, les Koreischistes 70. Le sort de
l'Islamisme dépendait de la victoire de l'une
ou de l'autre de ces bandes de pillards ; ce serait
quelque chose que l'Islamisme de moins dans
l'histoire de l'humanité.

De même, dans les guerres de l'Indépendance
de l'Amérique du Sud, le nombre des combattants est en raison inverse de l'importance des
intérêts engagés. L'émancipation des colonies
espagnoles, c'est-à-dire la formation sur d'immenses territoires d'États républicains de races
nouvelles, semble devoir être, avec la colonisation de l'Australie, le fait saillant de l'histoire
générale au XIXe siècle. Napoléon eût dédaigné,
comme de misérables patrouilles, les armées
de Bolivar ; et cependant, aux yeux de la postérité, Bolivar tiendra, dans les affaires de notre
planète, une bien autre place que Bonaparte.
L'avenir lui confirmera le titre de *Libérateur*
décerné par la Colombie, peu d'auréoles brille-
ront d'un éclat plus glorieux dans le panthéon
de l'humanité future. Ce n'est pas un aveuglant
météore qui brille et disparaît, le Libérateur a
fait œuvre éternelle.

Que l'émancipation des colonies espagnoles
soit fille de la Révolution française, on n'en

saurait douter. Les hispano-américains le reconnaissent eux-mêmes. Aussi ne doit-on pas s'étonner de voir, dans ces contrées, les figures de Danton, Marat, Robespierre jouir d'une popularité que j'aime mieux leur voir là que chez nous.

Pour être grand, il ne suffit pas d'embrasser avec passion et génie une noble cause, il faut arriver à l'heure, toute idée féconde germe dans le sang. Don Antonio, traducteur et propagateur de la Déclaration des Droits de l'homme, organisateur d'une société secrète républicaine, dénoncé par l'inquisition fut le premier martyr.

Ici nous pouvons voir comment, à toute époque, les vrais patriotes n'ont jamais hésité à devenir opportunistes, c'est-à-dire à sacrifier leurs plus chères opinions personnelles à un but supérieur, au salut de la patrie. Pour les hommes qui préparèrent l'émancipation de l'Amérique méridionale, divorce avec la métropole, révolution intellectuelle et morale, République se confondaient en une même pensée. Mais la question dominante, le but essentiel étaient de se soustraire à la servitude atroce imposée par le gouvernement espagnol.

Aussi les plus déterminés républicains n'hésiteront pas à passer dans le camp des royalistes, quand ils jugeront cette apparente désertion nécessaire à l'accomplissement de leurs aspirations capitales.

Une révolution marquée à l'estampille de la libre pensée n'avait, en effet, aucune chance de réussite dans un pays où l'inquisition dominait souverainement un peuple fanatique. L'amour de la Liberté, le culte de la République ne pouvaient que fournir de nobles proies à l'échafaud. Ainsi, en 1797, Joseph de España, corregidor de Macuto, est écartelé sur la place publique de Caracas pour sa tentative de conspiration républicaine prématurée.

En 1806 apparaît la noble figure de Miranda.

Ancien compagnon de Whasington, ami de La Fayette, soldat de la République Française sous la Convention, Miranda débarque sur la côte du Venezuela à la tête de cinq cents hommes; il obtient d'abord quelques succès. Mais les masses retenues par le clergé restent sourdes à sa voix, le pays ne se soulève point... Un corps considérable de troupes s'avance, c'est encore une entreprise avortée.

Décidément le clergé est trop fort, toute émancipation par la République est une utopie.

Sans la guerre d'Espagne, l'Amérique méridionale gémirait encore sous le despotisme de Philippe II, gouvernant toujours du fond de son tombeau. Ainsi la guerre d'Espagne si funeste à la gloire française, cause déterminante de la chute du Grand Empire, devient un bienfait pour l'Amérique.

A chaque jour suffit sa peine, la grosse affaire

est de s'arracher des griffes de la métropole. La République, l'abolition de l'inquisition viendront en leur temps.

Comment rapprocher les rares partisans de la libération du territoire, appartenant tous à une aristocratie amie des doctrines françaises du XVIIIe siècle, et le clergé espagnol maître absolu des classes les plus nombreuses?... Comment populariser la cause de l'indépendance?... Comment animer ce bétail humain assoupi sous l'influence de prêtres intolérants et donner ainsi une armée à quelques rêveurs héroïques?

Napoléon se charge d'accomplir cette œuvre impossible et devient ainsi le libérateur inconscient de tout un monde.

Les grands hommes sont de puissants aveugles et souvent leur action réelle diffère étrangement du rôle qu'ils ont la prétention de jouer.

Dès que les partisans de l'émancipation apprennent l'élévation de Joseph Bonaparte au trône d'Espagne, sans hésiter, ils changent leur drapeau, se déclarent absolutistes et proclament Ferdinand VII. Au candidat des Jésuites ils confient le drapeau de la révolution. Les fougueux républicains de la veille deviennent des royalistes intransigeants.

Aux yeux de l'inquisition, Joseph Bonaparte, c'est la Révolution française, c'est-à-dire l'abomination de la désolation. Inquisiteurs et républicains se trouvent réunis aux cris de *Vive*

Ferdinand VII!... D'un commun accord, on dépose les autorités espagnoles comme hostiles à la sainte religion et complices de Joseph Bonaparte. Une junte se déclare investie de l'autorité du roi légitime et gouverne en son nom.

Enfin voilà le peuple en branle...

Mais Ferdinand VII est toujours prisonnier de Bonaparte.

Quand Miranda trouve la comédie assez longue et le gouvernement de la révolte suffisamment reconnu, il sollicite et obtient du Congrès la Déclaration de l'Indépendance proclamée en ces termes :

« En conséquence, nous les représentants
« des provinces de Venezuela, prenant l'Être su-
« prême à témoin de la justice de notre cause
« et de la droiture de nos intentions, implorons
« sa divine protection, et déclarons à la face
« de l'Univers, qu'à partir de ce jour, ces pro-
« vinces forment un État souverain et indépen-
« dant, dégagé de toute obéissance et soumis-
« sion envers l'Espagne, et qu'en cette qualité
« d'État libre et constitué, elles ont le pouvoir de
« se donner la forme de gouvernement qu'elles
« jugeront le plus convenable au bonheur des
« citoyens, et d'agir comme toutes les autres
« nations souveraines et indépendantes. »

La Révolution, la Liberté, la République... le clergé n'avait pas précisément travaillé pour arriver à ce résultat. Aussi profite-t-il pour passer à l'ennemi du tremblement de terre du jeudi saint, 26 mars 1812, éclatante manifestation, selon lui, du courroux céleste. Monteverde profite de la terreur générale pour écraser la révolution. Miranda capitule... au mépris de la foi jurée, le précurseur jeté dans un cachot, puis expédié en Espagne, meurt en captivité.

Miranda va clore la liste des illustres martyrs, le Libérateur entre en scène.

Issu d'une noble et puissante famille de Caracas, Bolivar parcourt l'Europe dans sa jeunesse; la France l'attire particulièrement, il séjourne longtemps à Paris. C'est un élégant parisien. Jugeant l'entreprise de Miranda téméraire et les premiers essais de révolte trop hâtifs ou mal combinés, il n'y prend aucune part. Résolu à ne rien risquer, sans avoir pour soi des probabilités de succès résultant des complications de la politique européenne, il se prépare silencieusement à la lutte par une étude opiniâtre des questions militaires ou par la fréquentation des hommes d'État et des hommes de guerre le plus en renom dans notre pays.

A la proclamation de l'Indépendance, Bolivar accourt et demande du service à Miranda. Nommé au commandement de Puerto-Cabello, véritable porte du Venezuela, il débute par un désastre, en se laissant enlever sa forteresse par les prisonniers espagnols révoltés.

Le commandement d'une place de guerre devait être funeste au génie militaire le plus agile qui fut jamais.

Bolivar, patriote venezuelien, a bien pour objectif la délivrance de son pays natal, mais, guidé par un génie politique égal à son génie militaire, il considère avec raison toutes les possessions espagnoles comme solidaires. Cette conviction de la solidarité des contrées sud-américaines sera la boussole du libérateur. Il regarde toute sécurité comme impossible pour une province quelle qu'elle soit, tant que l'Espagne conservera un pouce de territoire en Amérique. Aussi le jeune général regarde-t-il comme indifférent de combattre en Nouvelle-Grenade, au Venezuela, au Pérou ou dans la future Bolivie.

A grand'peine échappé des mains de ses prisonniers de la veille, Bolivar entre au service de Carthagène, où il obtient le commandement d'une poignée d'aventuriers avec lesquels il chasse les Espagnols des bords de la Magdalena et remet aux mains du parti national ce magnifique cours d'eau, voie de communication de premier ordre.

Divers autres succès assurent une sécurité relative à la Nouvelle-Grenade, aussitôt Bolivar songe à délivrer le Venezuela, où Monteverde sévit avec une implacable rigueur. A la tête de 400 hommes, il s'élance à travers les neiges de la Grande-Cordillère et tombe à l'improviste sur les détachements disséminés des troupes royalistes ; la victoire le suit pas à pas. Mais son adversaire n'en dispose pas moins de 6,000 vieux soldats, le jeune chef demande des secours au Congrès de la Nouvelle-Grenade, on lui envoie un renfort de.... 100 hommes.

Monteverde, de son côté, multiplie les supplices, espérant comprimer une révolte imminente.

Acculé, le héros de l'indépendance se rappelle sans doute la parole de Danton « de l'audace, encore de l'audace et toujours de l'audace ! »... de sa propre autorité, il prend le parti d'opposer terreur à terreur, barbaries à barbaries; comme la Convention, il entre dans la voie des cruautés impitoyables pour obliger à le suivre, et pour obliger ceux qui le suivent à brûler leurs vaisseaux.

Dans sa proclamation au Venezuela, datée de son camp de Truxillo, proclamation altière comme s'il avait derrière lui 100,000 hommes, il annonce sa résolution de procéder à une guerre sans quartier.

« Tout Espagnol qui ne conspire pas contre « la tyrannie par les moyens les plus actifs et « les plus efficaces, sera puni comme traître à « la patrie et *irrémissiblement passé par les* « *armes.* »

Aux éclats de cette voix si sûre d'elle-même et parlant avec une telle hauteur, le mulâtre

Piar, homme énergique et sanguinaire, soulève les llanéros et organise des guérillas. A Cumana le jeune don Marino arme ses compatriotes. Devant ce mouvement général, Monteverde se réfugie à Puerto-Cabello, pendant que Bolivar, fait à Caracas son entrée solennelle. On enfonce les prisons, les cloches résonnent à toute volée, les fanfares retentissent et Bolivar, à la tête de sa petite troupe, parcourt les rues jonchées de fleurs, déjà salué de ce titre qui lui restera, mais qu'il doit payer encore par de terribles épreuves, le titre de *Libérateur!*

Triomphe éphémère....

Ferdinand VII, enfin sorti des griffes de Napoléon et remonté sur le trône de l'Espagne pacifiée, dispose de forces respectables pour rétablir ses anciennes provinces sous le joug. Morillo, général éprouvé, part avec le commandement de 10,000 hommes de troupes aguerries, résolu, pour étouffer la révolte, *à recourir aux moyens de la première conquête.*

Pendant ce temps, les bandes dispersées de Monteverde ravagent la contrée, promenant partout la torche et le fer. Le Libérateur, avant d'avoir pu organiser les forces du pays, est contraint d'abandonner la capitale ; réduit à la défensive, il essuie divers échecs. Une seconde fois, il abandonne le Venezuela et fuit sur un vaisseau à Carthagène, où flotte encore le drapeau de l'Indépendance.

Bientôt Morillo a reconquis la Nouvelle-Grenade, Bolivar quitte le sol d'Amérique.

Sans perdre un instant, le tenace patriote prépare une expédition analogue à la première expédition de Miranda. A la tête de mille exilés répartis sur 16 navires, il aborde la côte du Venezuela le 9 mai 1814. Battu en diverses rencontres, il se rembarque avec de grandes pertes et se réfugie à la Jamaïque, d'où il observe les événements, prêt à reprendre l'offensive au moment favorable.

Les atrocités de Morillo soulevèrent le Venezuela réduit aux dernières extrémités du désespoir.

Dans ses premières expéditions, Bolivar avait marché sur le Venezuela en partant de la Nouvelle-Grenade ; cette fois, il prendra le Venezuela pour point de départ et la Nouvelle-Grenade pour point d'arrivée. Il surprend la place d'Angostura sur les bords de l'Orénoque à l'extrême frontière venezuelienne ; il y constitue une apparence de gouvernement régulier pour masquer sa dictature et s'y installe fortement. C'est de là qu'il se propose de délivrer la Nouvelle-Grenade, où fermente la révolte, par un de ces bonds gigantesques tel qu'homme de guerre n'en rêva jamais. Il feint une attaque sur Caracas. Pendant que Morillo concentre ses forces de ce côté, il traverse les Andes, bat les Espagnols coup sur coup, remporte à Boyaca une victoire décisive et fait son entrée à Bogota deux mois après sa disparition d'Angostura. Bogota apprenait, par sa présence, la marche du Libérateur et le recevait dans ses murs avec une joie touchant au délire.

Les fers de la Nouvelle-Grenade sont bien brisés cette fois.

Peu après les Espagnols évacuent le Venezuela.

Maintenant, c'est au secours du Pérou qu'il marche à la tête des forces colombiennes. Bientôt il entre aux acclamations des foules dans Lima, capitale d'une nation nouvelle.

Après le Pérou vient le tour du Haut-Pérou, Potosi l'accueille comme toutes les capitales affranchies par son épée. Le Haut-Pérou, pour éterniser sa reconnaissance, prend le nom de Bolivie.

Car il lui fut donné d'entrer dans les capitales délivrées, comme à Napoléon dans les capitales subjuguées.

Bolivar rêvait une confédération composée du Mexique, des États-Unis, du Guatemala, de la Colombie, du Chili, du Pérou, de Buenos-Ayres.

« Le siège de cette union, disait-il, sera à Panama, au centre du globe, regardant l'Asie d'un côté, de l'autre l'Afrique et l'Europe. »

Napoléon basait ses conceptions gigantesques sur son despotisme personnel ; Bolivar basait les siennes sur la liberté et sur l'union des peuples.

Mais, par une fatalité inhérente à notre nature, tout citoyen porté trop haut par d'éclatants services ne tarde pas à devenir un danger. Le tempérament politique de Bolivar, formé à l'école de la Convention et de l'empire, le poussait à centraliser, sous un seul gouvernement, des provinces jalouses de leur épanouissement individuel.

Bolivar eut la gloire de ne pas reculer devant un dernier sacrifice, celui de descendre du pouvoir et de prendre le parti de s'expatrier. Voici ses adieux :

« J'ai payé ma dette à la patrie et à l'huma-
« nité, j'ai donné mon sang, ma santé, ma for-
« tune à la cause de la liberté. Tant qu'il y a eu
« péril, je me suis dévoué. Mais aujourd'hui que
« l'Amérique n'est plus souillée par la présence
« de l'étranger, je me retire pour ne pas être un
« obstacle au bonheur de mes concitoyens. Le
« bien de mon pays peut seul m'imposer la
« nécessité d'un exil éternel. Recevez mes adieux
« comme une dernière preuve de mon patrio-
« tisme. »

Les nations émancipées par son génie ne manifestèrent aucune velléité de le retenir.

Le premier droit des peuples est l'ingratitude.

Les peuples usent largement de ce droit et souvent avec raison.

Cependant Bolivar devait mourir sur la terre devenue par lui terre libre, un accès de fièvre l'emporta, à l'âge de quarante-sept ans, pendant ses préparatifs de départ.

Bolivar ne commanda jamais directement plus de 6,000 hommes, c'est un grand capitaine cependant.

S'il manie des masses minimes, ses combinaisons embrassent les plus vastes espaces, il joue sur un échiquier infiniment complexe. Ses opérations s'étendent sur des milliers de lieues, les marches de ses petites troupes équivalent souvent à la distance du Tage aux frontières de Sibérie. But élevé, petits moyens, théâtre colossal, tels sont les principaux caractères de l'œuvre guerrière du Libérateur. Les événements se passent dans des pays déserts, sans routes si ce n'est des sentiers à peine praticables pour des mulets. Comment approvisionnait-il ses petites armées ?... Tour à tour elles doivent franchir les savanes sans fin du Venezuela, les inextricables forêts vierges peuplées de serpents venimeux, les immenses marais de l'Orénoque fourmillant d'alligators, de larges rivières sans ponts et sans bateaux, les précipices sans fond et les glaces de la Grande-Cordillère et des Andes. Quel coup d'audace, que ce passage des Andes pendant la saison des pluies.... A chaque pas, il faut traverser des torrents plus meurtriers qu'une embuscade. Chevaux, mulets, bagages restent en chemin ; on suivrait sa trace par les ossements de ses compagnons. Au milieu de tous ces obstacles, Bolivar donne l'exemple d'un imperturbable courage, d'une inébranlable ténacité, vivant de la vie du soldat, partageant tous ses travaux, impassible devant toutes ces misères parce qu'il leur compare la grandeur de son dessein. Cette marche, plus coûteuse en vies humaines que de sanglants combats, a pour but l'irrévocable délivrance d'un continent. Quand il a franchi les Andes, il lui reste un millier d'hommes. C'est assez. Son nom, le prestige des héros qui l'accompagnent après avoir accompli de semblables merveilles, valent des armées. Autour de ce noyau de combattants d'une solidité à toute épreuve, se groupent sur son passage les populations de la Nouvelle-Grenade, se soulevant à son appel. Il rallie les insurgés, allume partout l'enthousiasme ; enfin la haute personnalité du général colombien fournit à la révolte l'élément le plus important et le plus difficile à trouver, une autorité organisatrice et respectée.

Quant à la portée de son œuvre, elle est immense.

C'est l'appel à la lumière de tout un monde croupissant dans les ténèbres de la misère et de l'ignorance ;

De la misère :

Parce que l'Espagne épuisait ses colonies, son

seul et unique but étant d'en extraire par tous les moyens le plus d'or possible ; des impôts exorbitants tarissaient les richesses, les extorquant aussitôt créées. La loi interdisait toute industrie aux provinces dans la crainte d'une concurrence aux industries de la métropole. Défense leur était faite de commercer avec toute autre nation que l'Espagne. Pas une route carrossable dans cet immense empire, pas de travaux d'art, si ce n'est des églises, des forts et des prisons ;

De l'ignorance :

On entendit l'archevêque du Venezuela, en pleine assemblée publique, déclarer l'inutilité de rien enseigner aux Américains en dehors du catéchisme. Un arrêté du gouvernement proscrivait l'étude de toutes les sciences, même de la géométrie et de la simple arithmétique.

L'arithmétique pouvait devenir une science révolutionnaire en contrôlant les soustractions des employés espagnols.

L'inquisition régnait.

L'état de dégradation de ces malheureux peuples peut seul donner une idée de l'abêtissement dans lequel le clergé catholique plonge les nations, quand son autorité n'a pas de contrepoids. La métropole lui confiait le soin d'abrutir le Nouveau-Monde, il s'acquittait consciencieusement de sa tâche.

Il serait injuste de conclure du triste état de

la Colombie contre les peuples qui l'habitent ;
il ne faut pas attribuer cet abaissement à la
race, mais au vrai coupable, au catholicisme
ultramontain, jésuite et inquisiteur, au pur
catholicisme en un mot.

Un bien autre esprit s'acclimatait dans l'Amérique du Nord sous l'influence du Puritanisme.
Tandis que les femmes du meilleur monde his-
pano-américain ne savaient ni lire ni écrire,
que les créoles riches, pour se procurer l'instruction la plus élémentaire, devaient se rendre
en Europe ; dans l'Amérique du Nord, on fon-
dait partout des écoles.

Après l'émancipation des provinces, se posait
le problème de faire une nation avec des Indiens
sauvages, excités encore par l'atrocité de la
domination espagnole, avec des esclaves réduits
à la condition d'animaux domestiques. La résolution de ce problème incombait à des blancs
maintenus par la métropole à l'état d'ilotes, et
dans un pays où l'Espagne s'était bien gardée
de rien importer de ce qui constituait alors la
civilisation européenne.

Aux États-Unis, au contraire, cette civilisation se trouva transplantée, dans sa plus brillante floraison, sur un sol admirablement
approprié à la race blanche.

Dans l'Amérique du Sud, l'Espagne avait
écrasé l'embryon de civilisation indigène et
rejeté les autochtones dans la sauvagerie la plus

intense, seul abri possible pour leur indépendance.

Et l'on s'étonne de l'infériorité de ces États!... on leur demande de franchir en quelques années cette étape que l'humanité a mis tant de siècles à parcourir.

Le génie de Philippe II, le génie de la Société de Jésus, telle est la cause de l'abjection de ces beaux pays infestés de moines crasseux, où l'on trouve, il faut bien le dire :

Des forts sans canons ;

De la cavalerie sans chevaux ;

Des capitaines sans soldats ;

Des soldats sans culottes.....

CURAÇAO

1849

———

Les entrées de nos ports du nord, de Dieppe ou de Boulogne, donnent une idée de l'étroitesse de la passe de Santa-Anna de Curaçao, mais ici la passe, aussi courte qu'étroite, donne immédiatement dans un merveilleux lac marin où peuvent s'abriter les plus gros vaisseaux. C'est l'œuvre de la nature qui s'est complue à creuser un port idéal dans un méchant rocher.

Des édifices imposants, des maisons confortables garnissent les quais de ce vaste bassin, seulement l'architecture de pays froids et brumeux, sous le soleil des tropiques, de prime abord étonne.

Habitués au spectacle répugnant de la malpropreté des villes espagnoles, où règnent la lézarde, la ruine et l'effondrement, infectant le moisi, suant la crasse monacale, nous admirons,

avec une sorte de stupéfaction et de respect,
l'ordre méticuleux des choses et des gens et
partout un air rangé, honnête, solide comme la
probité hollandaise.

A Santa-Anna, on compte sur la pluie pour
boire, la ville possède à peine un puits dont
l'eau se vend au poids de l'or en temps de
sécheresse. L'industrie hollandaise, outre ses
fameuses oranges — où sont les orangers ? je
ne les ai point vus — fait croître sur ce sol
rocailleux un peu de tabac et de canne à sucre.
Il y a aussi des salines. Tout cela n'explique
guère la magnificence relative de la petite cité
de Santa-Anna. Avec ces chétives ressources,
on ne pourrait nourrir les 5,000 esclaves noirs,
les 2,000 à 3,000 mulâtres libres et les 2,000 à
3,000 blancs qui peuplent l'île. Il faut chercher
ailleurs la cause de cette prospérité.

Avant leur émancipation, il était interdit aux
colonies espagnoles de commercer avec toute
autre nation que la métropole ; elles devaient
s'approvisionner uniquement en Espagne. Un
régime aussi inique et aussi absurde avait élevé
la contrebande à la hauteur d'une puissance,
elle avait ses flottes singulièrement nombreuses,
bien équipées et bien armées. L'excellence du
port de Curaçao, sa situation dans le golfe du
Mexique, sa proximité de la côte espagnole, le
désignaient comme un centre de contrebande.
Ses habitants profitèrent habilement de ces

avantages exceptionnels. L'émancipation des colonies espagnoles arrêta ce développement ; le commerce interlope prépara bien les voies au commerce légal en faisant de Santa-Anna un riche entrepôt, néanmoins le pauvre îlot perdit de son importance, quand il changea pour le rôle d'honnête négociant le rôle de hardi contrebandier.

Au Venezuela, le boutiquier engourdi dans un demi-sommeil fume sa cigarette devant son étalage, et se montre de fort mauvaise humeur quand un client le dérange de sa rêverie ; en vendant sa marchandise, il a l'air de s'imposer un sacrifice et de vous accorder une grâce.

Ici, au contraire, à peine avions-nous l'ancre au fond, qu'une multitude de petits marchands mulâtres prend le navire à l'abordage, encombrant le pont de toutes sortes d'objets, caisses de cigares, porte-cigares, chapeaux de paille, boîtes de toutes formes, curiosités de tous genres... Si dans le Venezuela les marchands sont indolents, ici ils sont importuns. Pendant que trois ou quatre individus, pour attirer votre attention, vous tirent par les manches ou les pans de votre habit, un autre vous coiffe d'un panama, celui-ci vous fourre un cigare dans la bouche et cet autre vous dépose une boîte sur les bras... et les propos tentants d'aller leur train : est-ce assez délicat le tissu de ce porte-cigare en paille, souple et fin comme de la soie ?...

Admirez les compartiments de cette boîte à ouvrage, quel joli cadeau pour votre mère!... Quelle aimable surprise vous feriez à votre sœur avec cet élégant pupitre en bois d'ourouba !

L'un d'eux poussa l'insolence jusqu'à m'offrir une cassette pour renfermer mes économies... Plaisanterie amère!... pour ramasser mes fonds, il me suffit d'une cassette qui n'en a pas.

La belle situation commerciale et militaire de Curaçao nous fit envie jadis. En 1673, de Baas, lieutenant général de Louis XIV aux Antilles, monta une petite expédition pour s'en emparer ; nous fîmes même dans l'île une descente à laquelle personne ne s'opposa. Mais quand, d'une éminence, le commandant des forces françaises eut jeté un coup d'œil sur le fort d'Amsterdam et sur les vaisseaux de guerre ancrés dans le port, il se trouva suffisamment éclairé et s'estima fort heureux de se rembarquer sans encombres.

Oh les braves gens que ces Bataves!... et qui nous aiment, en dépit des misères que Napoléon Ier leur a fait. Ce sont de purs Gaulois, ils se sentent unis à nous par les liens de la parenté. Ils sont dignes d'avoir inventé *la tête de Maure,* le plus sain, le plus inaltérable des fromages, et le curaçao, une liqueur simple, honnête et douce comme un cœur de Hollandaise. Cet élixir, comme chacun sait, se fabrique en Hollande avec les peaux d'oranges importées de Curaçao, oranges d'une espèce particulière, âcres, amères, dont l'épaisse peau parfumée forme le fruit presque en entier.

On n'a pas d'idée combien ces excellents Néerlandais sont indulgents pour nos sottises. Aussi nous nous en donnons à cœur joie ; eux rient à ventre déboutonné et se contentent de dire : sont-ils drôles ces Français !

Dernièrement une corvette française, *la Boussole*, fit naufrage sur le Petit-Curaçao ; bienheureux de sauver leurs personnes, officiers, équipage n'eurent pas le temps de sauver leurs frusques... Du Grand-Curaçao, le gouverneur envoya au secours des naufragés. Quel gracieux accueil ils reçurent !... On fit tout pour les consoler, on se disputa pour les avoir à la table de famille, pour leur offrir des fêtes, et les jeunes filles, au bal, s'empressaient de danser avec des gens quasi déguenillés.

Combien de fois, sans nous connaître, sur la simple recommandation de notre pauvre galon, nous a-t-on offert à dîner, là où des gens moins accommodants nous auraient mis à la porte.

Entre Hollandais et Français, il y a sympathie naturelle, comme il y a antipathie entre Anglais et Français.

Nous autres aspirants, surtout, nous étions les enfants gâtés de la bonne ville. Les ma-

mans nous traitaient comme leurs bébés et les demoiselles comme de jeunes frères.

Où avions-nous raccroché un orgue avec un nègre pour en moudre... un accordéon manié par un mulâtre comme un soufflet de forge... un violon râclé par un vieux moricaud?... Plus un tambour de basque sur lequel nous frappions en enragés, à tour de rôle, par intervalles.

Toujours est-il que vers deux heures de l'après-midi (au moment de la fraîcheur, quand on ne voit que les chiens et les Français dans les rues), nous nous promenions processionnellement dans Santa-Anna, précédés de notre formidable orchestre.

Naturellement, à ce vacarme, les gens se mettaient aux fenêtres, et, quand une belle paraissait, nous la régalions d'une sérénade.

Nous nous arrêtons devant une maison de très confortable apparence où de ravissantes jeunes filles, aux yeux de pervenche, fraîches comme des roses, blondes comme des blés, les cheveux dénoués, enveloppées de leurs blancs peignoirs d'intérieur, nous regardent en riant du premier étage.

Je me détache du groupe et je sonne.

— Que fais-tu? me demande un collègue.

— Ce que je fais!... Parbleu, il y a bien une maman dans cette maison, je vais lui demander à faire sauter ces jolies filles.

Une négresse ouvre.

Je demande à parler à la maîtresse du logis.

La négresse me fait monter et je me trouve devant une adorable vieille, en gaule blanche, moins blanche que son visage encadré de fils d'argent; j'eus tout d'abord envie de l'embrasser... elle avait l'air si bon! J'aime tant les vieilles femmes!... sans détester les jeunes.

— Madame, lui dis-je d'un ton solennel, accompagné d'un profond salut, en voyant vos mignonnes, mes amis ont été pris d'un fou désir de les faire danser; voulez-vous bien permettre une valse?

— Oh! oui, oui, grand'mère! s'écrièrent en chœur les délicieuses étourdies, frappant dans leurs mains et trépignant de joie.

Puis des bras rondelets, sortant de larges manches, entourent le cou ridé de la grand'-mère, pendant que de gentils minois s'approchent de ses joues flétries.

Le moyen de résister à ces câlines?...

La bonne vieille répondit :

— Avec plaisir, monsieur.

D'un signe, j'annonçai par la fenêtre le succès de mon ambassade, et les aspirants de grimper avec les musiciens.

En un instant les couples se forment, et l'effroyable musique part comme les tonnantes trompettes de Jéricho, à demi couvertes, cependant, par de joyeux éclats de rire.

Moi, je m'assis près de la bonne maman.

— Vous ne dansez pas? me demanda-t-elle.

— Non, jamais, répondis-je avec une certaine tristesse en voyant mes camarades au milieu de ce gracieux tourbillon de gais visages, de blancs peignoirs et de cheveux flottants... Non, je ne danse pas... Je n'ai pas eu le temps d'apprendre à danser... il y a tant de choses à faire en ce monde, mais j'aime à causer avec les bonnes grand'mères, parce que cela me rappelle le foyer maternel.

En disant cela, je me sentis les yeux humides; la dame me comprit et me dit :

— Vous êtes un bon enfant.

Tous deux nous nous aimions déjà.

Jeunes gens et jeunes filles de tourner, l'orgue de moudre ses lamentations de Jérémie, l'accordéon de roufler comme Éole en fureur, le violon de grincer comme une poulie usée, les rires de résonner comme un timbre d'argent... et la grand'maman de me dire :

— Vous avez eu une excellente idée, voyez combien ces enfants s'amusent!...

Quand la valse fut finie, je saluai la maîtresse de cette aimable maison, en baisant sa maigre main blanche... Les folles valseuses nous auraient bien gardés; on se promit de se retrouver au prochain bal du gouverneur.

La nouvelle de notre escapade avait couru le quartier comme la flamme d'une traînée de poudre.

On se mettait aux fenêtres pour nous voir passer, et je demandais :

— Voulez-vous danser, mesdemoiselles ?

Et l'on nous répondait :

— Montez.

Nous fîmes ainsi danser toute la rue... De braves gens les Hollandais !...

.   .   .   .

Faire le quart, quand on est amarré dans le port de Curaçao, n'exige pas une grande tension d'esprit. Aussi ne tardai-je pas à remarquer aux fenêtres nombre de dames désœuvrées.

Pardieu, me dis-je, en me mettant dans un endroit apparent du navire, avec une longue-vue à l'œil, on verra bien que je regarde... Or, à quelle femme déplaît-il d'être regardée ?

Après la plus scrupuleuse inspection des façades pendant une matinée entière, j'en vins à donner la palme de l'attrait et de la sympathie à l'habitante de la maison la plus voisine. Grâce à mon excellente longue-vue, je la voyais comme si j'eusse été dans son appartement.

Galilée, pour découvrir les phases de Vénus, ne l'observa pas avec plus de constance.

Le plumage du flamant-spatule, dont la couleur varie de l'incarnat au blanc le plus pur, en passant par le rose le plus délicat, donne une idée de son teint.

Elle avait le front, le cou, le menton si blancs

et les lèvres si rouges!... des cerises nageant dans du lait... de grands yeux doux, bleus comme le ciel des tropiques... des cheveux blonds comme ce métal si fugace dans ma bourse percée... vingt-quatre à vingt-cinq ans, grassouillette, potelée, séraphique et sensuelle... une poitrine bien garnie, on aurait dit dans sa robe les deux moitiés d'un fromage national. Je l'avais déjà vue quelque part, probablement pas dans le monde réel, mais dans le monde des rêves... Peut-être, fille du génie d'un grand artiste, l'avais-je contemplée dans quelque musée?... Elle me rappelait l'Assomption de la Vierge de Van Dyck de l'autel de Calais, une poulette peu disposée à se contenter de musique au paradis, escaladant le ciel dans l'espoir d'y trouver des truffes, du champagne et un mari effectif.

Et de fait, très probablement les créations des artistes sont des visions d'âmes voletant dans l'espace avec l'image aérienne de leurs corps futurs. Les hommes de génie sont des voyants en rapport avec les gens qui ne sont plus ou qui ne sont pas encore.

Peut-être les âmes destinées à animer les corps terrestres sont-elles engendrées dans le cerveau des poètes?... Peut-être se détachent-elles des âmes des penseurs par ce mode étrange de multiplication des créations inférieures, *fila ssiparité*, simple dédoublement de la substance vivante.

Le coucher du soleil me surprit dans mon admiration — admiration de cinq heures d'horloge — sans avoir pu réussir à captiver son attention.

La nuit j'en rêvai, et, dans mon sommeil, elle me dit :

— Cherche bien dans tes souvenirs.

Je fouillai vainement mon passé.

— Comme tu as peu de mémoire ! reprit-elle, comment as-tu pu oublier le temps où nous étions une paire de cygnes fréquentant les lacs de la Suisse à l'époque glaciaire... nous nous aimions très tendrement, nos amours ont duré près de trois siècles... car la vie des cygnes est longue comparée à celle des humains. Quand on vit dans l'intimité pendant trois cents ans, on finit par s'attacher beaucoup l'un à l'autre.

— Non, madame, lui répondis-je, mes existences antérieures n'ont pas laissé trace dans ma mémoire... Je me rappelle vaguement avoir été sanglier du temps des Gaulois, j'étais un vieux solitaire des forêts sacrées ; j'éventrai même alors certaine louve venue du midi.

Le lendemain, après une observation de trois heures, j'eus le bonheur de me voir enfin remarqué.

La belle blonde n'avait pas grand'chose à faire et semblait s'ennuyer.

Elle me regarda, s'en alla, revint, repartit...
pour revenir encore, cette fois avec un binocle...
oui, mais nullement pour examiner son admirateur.

Je n'en retirai pas moins la longue-vue de
mon œil et me promenai sur la dunette pour me
montrer avec tous mes avantages.

Tout à coup les jalousies se ferment.

Ces jalousies, comme toutes celles des pays
chauds, consistent en minces planchettes tournant à volonté, assez distantes, et tenues ho-
rizontales, quand le soleil est un peu haut.
A travers les jalousies, je distinguai une
forme féminine, puis, entre deux planchettes,
j'aperçus les objectifs d'un binocle braqué sur
moi.

Ce premier examen, paraît-il, ne me fut pas
défavorable, car la fenêtre se rouvrit et la dame
dirigea son binocle de mon côté.

A dater de cette heure, le meilleur de notre
temps s'écoula dans une mutuelle contemplation.

Elle m'apparaissait à la fenêtre comme une
image de sainte couronnée d'une auréole dans
un cadre d'or.

Il me suffisait de voir son doux visage, je
n'osai adresser une question à son sujet... lui
parler, entendre sa voix ne me vînt pas à la
pensée ; apprendre qu'elle vivait de la vie commune, c'eût été matérialiser cette vision céleste.

Pour moi, elle appartenait au monde des esprits, j'en avais fait une fée, mon bon génie ; j'aurais éprouvé un sentiment pénible à lui voir prendre pied sur terre et devenir une femme. Je la considérais comme douée d'un pouvoir surnaturel et tenant entre ses mains ma destinée, prête à me punir si je m'avisais de voir en elle un corps. A la simple connaissance de son nom le charme serait rompu, le séraphin se transformerait en ménagère banale.

Nos âmes communiquaient au moyen des rayons concentrés par nos instruments d'optique.

Des effluves échappées de son binocle me traversaient la poitrine et m'inondaient délicieusement le cœur.

Elle toujours calme, impassible comme une immortelle, planait dans son atmosphère de sérénité.

Certainement les phénomènes bien connus de l'hypnotisme jouaient leur rôle dans mon état mental, phénomènes par lesquels les hommes et les animaux tombent dans cette sorte d'état cataleptique, vulgairement appelé magnétisme, conséquence de la fixation continue du regard sur un objet brillant.

Les fakirs de l'Inde, en se regardant le bout du nez ; les moines du mont Athos, par la contemplation prolongée de leur nombril, arrivent à l'extase, se fondent dans l'infini, s'absorbent dans le Grand-Tout ou s'identifient avec la substance incréée.

Chez les fakirs, la névrose combinée avec l'exaltation religieuse produit l'extase, phénomène à la fois spirituel et corporel; de même, chez moi, l'hypnotisme se compliquait de ma propension au merveilleux, de mes tendances à la rêverie, de mes besoins d'amour d'adolescent.

Toute la nuit son doux visage m'apparaissait immobile avec son limpide regard rivé sur moi, je ressentais surtout alors son influence magnétisante. Sous cette fascination, je vibrais d'une volupté violente près de laquelle l'assouvissement de la chair n'est rien. J'acquis alors cette conviction profonde : dans le monde des esprits on éprouve des émotions bien autrement enivrantes que le délire des sens.

J'aurais été bien curieux, dans les rares moments où je devenais raisonnant et raisonnable, de savoir quelle impression je produisais sur elle, car évidemment je l'occupais beaucoup.

Son image m'accompagnait partout, même dans les bouges où l'ardeur de mon jeune sang m'égarait.

Jamais je ne me serais cru capable d'un amour si parfaitement éthéré.

Seulement quand notre brick, voiles établies, largua les amarres, je lui fis avec mon mouchoir un signe d'adieu... elle me répondit en agitant son mouchoir.

Ma longue-vue m'a menti sans doute, mais au moment où son image s'effaça, je crus voir une larme rouler sur ses joues roses.

Je partis à la fois triste et ravi.

Certainement je te retrouverai dans Gwinfyd, belle blonde.

. . . .

. . . .

Notre fournisseur ne manque pas d'originalité, c'est un juif consciencieux; c'est-à-dire consciencieusement à l'affût du plus petit bénéfice, aussi empressé de gagner 50 centimes que 50,000 francs; très désintéressé, car il a l'air aussi parfaitement heureux, quand il encaisse, que la somme soit considérable ou minime. Bonne figure réjouie, réunissant au plus haut point ces deux qualités si différentes; la finesse et la bonté. D'ailleurs s'il réserve sa bonté pour sa famille, il dépense largement sa finesse en faveur du prochain. C'est l'homme le plus scrupuleux de l'île; rien au monde ne lui ferait allumer un cigare, le samedi, avant l'apparition de deux étoiles dans le firmament. Quelle belle fille avait ce juif, ventru, apoplectique, au nez en pied de marmite... l'action séculaire du fromage de Hollande sur ces ascendants avait altéré le tempérament du sémite; mais le sang d'Israël reprenait tous ses droits sur sa descendance la svelte juive cambrée, au nez aquilin, aux yeux profonds terriblement noirs. Heureusement la ravissante vision du quai avait sur moi trop d'empire, les célestes yeux bleus l'emportèrent sur les yeux noirs d'ange déchu. Cependant il n'aurait pas trop fallu me mettre à l'épreuve... Je me serais peut-être bien damné avec la juive, dans l'espérance de voir le blond séraphin accourir à mon secours et m'emporter dans ses bras au paradis.

On me montra Paez (le frère de Calypso). Violant la constitution et toutes les lois, d'ici ce chef du parti conservateur entretient la guerre civile au Venezuela, sous prétexte de rétablir l'ordre. Il vit fort agréablement avec son fils au milieu des bals et des fêtes, menant joyeuse vie.

Pendant ce temps, ses fidèles vivent misérablement dans les bois, tantôt vainqueurs, tantôt vaincus, le plus souvent traqués comme des fauves. Issus de sang royal ou Présidents de République, les prétendants sont, paraît-il, les mêmes. Pendant que Paez s'amuse, ses partisans se font casser les os... d'ailleurs avec prudence. Parfois il les réconforte avec une proclamation patriotique exaltant les douleurs de l'exil. D'ailleurs, tout comme un aspirant au trône, pour le bien de la cause, il se garde de hasarder sa précieuse personne ou celle de son descendant... Que deviendrait la cause s'il succombait?

L'esclavage règne encore à Curaçao dans toute sa rigueur. Chose assez singulière, le cruel Espagnol est le moins dur des maîtres, comme le bon Hollandais le plus impitoyable.

Curaçao possède des grottes dignes d'être visitées, elles sont situées à l'extrémité de l'île diamétralement opposée à Santa-Anna.

Il eut été commode d'y aller à cheval, mais

> Logeant le diable en ma bourse,
> C'est-à-dire n'y logeant rien.

je dus profiter de ce mode de locomotion mis par la nature à la disposition de quiconque a de bonnes jambes. Donc un matin nous partîmes, moi et deux compagnons non moins légers d'argent.

Nous voici donc en route à travers des campagnes fertiles en cailloux, sables et graviers; çà et là un champ de cochenille ou de mil ne rompt guère cette stérilité monotone.

Chemin faisant, nous demandons aux rares nègres que nous rencontrons *el camino de las cuevas,* à quoi ils répondent invariablement *Ahatou,* en nous indiquant toujours d'ailleurs le même point de l'île. Ahatou?... ce n'était pas très clair.

Le propriétaire des grottes jouit de la réputation d'un fort galant homme, très généreux et très hospitalier. A Santa-Anna on nous dit de nous rendre tout bonnement sur son habitation, sans nous préoccuper de rien, nous y trouverions bon visage, guides, flambeaux, excellent déjeuner. Cela nous sembla tout naturel, tant nous étions gâtés dans la bonne ville. En tout cas, pensions-nous, ledit habitant, pour ne pas mentir à son doux et onctueux nom d'Ociro, ne peut manquer de nous offrir au moins une limonade.

La perspective de banqueter, sans doute en compagnie d'aimables demoiselles, nous donnait des jambes pour parcourir ce terrain nu et rocailleux sous un soleil déjà gênant... pas d'ombre à toute vue.

Enfin nous entendons briser la mer... d'après nos renseignements, si nous ne nous sommes pas égarés, nous devons approcher.

En effet, après un détour, nous apercevons une habitation verdoyante, cachée jusqu'alors par les rochers; nous n'avions pas fait fausse route.

L'heure de se mettre à table sonnait à l'horloge de nos estomacs.

Nous nous présentons en gens habitués à être bien accueillis et résolus à faire honneur au festin de notre hôte; malheureusement le propriétaire et sa famille se trouvaient en fête sur une habitation lointaine, il fallait déjeuner en se serrant le ventre.

Et les torches?

Et le guide?

Déceptions sur déceptions...

Cependant un des domestiques noirs, mâchant quelques mots d'espagnol, nous indiqua le chemin pour arriver à *las cuevas,* c'était déjà quelque chose; une fois sur les lieux, nous aviserions aux moyens de nous tirer d'affaire.

Nous gravissons un rocher escarpé, percé d'un trou noir à son sommet, c'est l'entrée des mystérieuses profondeurs où nous devons nous engager. A nos pieds coule un ruisseau dont la présence suffit à féconder les alentours, c'est une oasis où la nature déploie toutes ses richesses tropicales. Du haut de ce rocher, nous assistons au spectacle fort attrayant de la chasse d'une bande de perroquets par des faucons sauvages.

Après avoir pénétré à tâtons dans la première caverne, nous y faisons à grand'peine un peu de feu pour l'éclairer, mais quel feu!... rien qui vaille, peu de lumière et beaucoup de fumée. Cette piètre lueur nous permettait à peine d'examiner la première chambre, car on ne pouvait songer à s'avancer dans les ténèbres du labyrinthe avec un tison près de s'éteindre.

Grande était notre perplexité, pas moyen de satisfaire ni appétit ni curiosité; avoir fait

une si longue course pour ne rien voir, et
pour souffrir d'une faim de naufragé de *la Mé-
duse!*... quand arrivent huit nègres avec des
torches bien flambantes... Quelle joie!... une
dinde rôtie n'aurait pas été plus acclamée.

Par un escalier naturel en spirale, nous descendons dans de nombreuses cavernes super-
posées, nous nous pâmons à la vue de ces voutes
aux formes bizarres, supportées par des colonnes fantastiques et d'où pendent les aiguilles des
stalactites. Dans cette obscurité profonde, aux
rouges lueurs des torches fumeuses, les noirs
aux bustes nus qui les portent prennent l'aspect
d'employés du royaume des ombres. De tous
temps, les croyances populaires ont affecté les
entrailles de la terre aux divinités infernales.
Des sentiments funèbres oppressent dans ces
souterrains, on se sent glacé de l'air humide et
froid du tombeau, partout semble paraître la
trace visqueuse de cette horrible limace qu'on
appelle la mort.

Dans mon pays, ces lieux sombres passent
pour servir de palais aux Korigans; là ces nains
chauves et cornus, fort spirituels et fort méchants entassent leurs trésors, qu'ils montent
parfois sur la bruyère pour les compter au clair
de lune.

Notre curiosité satisfaite, il nous fallut prendre
le chemin du bord avec l'estomac dans les talons, après nous être rafraîchis de la boisson

pure, mais peu réconfortante de la source. Alors
il nous sembla dur de retraverser à jeun les
sables de l'île chauffés par un enragé soleil...
A notre arrivée, nous nous précipitâmes sur les
haricots de la République, comme les Hébreux
sur la manne tombée du ciel.

EN MER

---

13 juillet 1882.

Pendant notre navigation à travers les calmes de la ligne, avec mes filets de traîne, j'ai fait une ample moisson d'animaux pélagiques destinés au Muséum. On ne se figure pas la quantité d'animalcules dont fourmille la surface de l'Océan, ni la variété de leurs couleurs et surtout de leurs formes.

Dans les eaux bleues, quantité d'animaux bleus comme des saphirs.

J'ai ramassé beaucoup de janthines à la coquille de limaçon merveilleusement striée, bleues et nacrées, grosses comme des têtes d'épingles... puis deux autres janthines de la taille de nos escargots avec l'appareil vésiculeux destiné à les faire flotter, appareil assez semblable d'aspect à l'amas de bulles dégorgées par nos

limaçons vulgaires. Cela ne surprend-il pas de
voir des escargots nager en pleine mer; les escargots marins me font songer, par contraste,
au homard qui cueille les fruits du cocotier sur
les îles madréporiques; la nature ne se refuse
aucun caprice.

Le nombre des animaux transparents à en
être invisibles passe toute croyance; beaucoup
de crustacés sont dans ce cas. Les carapaces de
ces petits êtres forment, dans la suite des siècles, des terrains entiers au fond de l'Océan.
Tantôt la nature bâtit en quelques heures avec
ses monstrueuses coulées de lave, tantôt, dans
un accès d'impatience, elle élève au-dessus des
flots le fond des abîmes, mais elle préfère fonder
ses constructions les plus vastes avec les restes
d'infiniment petits; le temps n'est rien pour
l'Éternelle.

Si, aux abords des terres, le fond de la mer
se forme soit de matières minérales apportées
par les fleuves et les torrents, soit de fragments
détachés des falaises par l'action des vagues et
transportés par les courants, les grandes profondeurs se comblent avec des débris animaux,
os de baleines, dents de poissons, arêtes..., mais
surtout avec les coquilles et carapaces des animalcules, car, s'ils sont extrêmement petits, ils
sont infiniment nombreux. Les uns se décom-
posent à la surface, et les parties solides seules
coulent lentement; les autres, après leur mort,

coulent sans se décomposer et tombent comme
une manne perpétuelle pour la nourriture des
vivants de ces ténébreux abîmes. Si la vie
végétale est nulle, faute de lumière solaire,
par contre, la vie animale abonde dans cette
obscurité où les lueurs phosphorescentes émises par ses habitants leur servent de flambeaux.

Pendant longtemps nous avons séjourné au
milieu d'innombrables flottes de galères, minus-
cules arcs-en-ciel errant sur l'eau, et de myriades de méduses semblables à des fleurs vio-
lettes. Dans l'estomac de ces méduses, j'ai récolté
mes plus charmantes coquilles, d'une délicatesse
inimaginable, d'une perfection de forme idéale ;
la plupart, minces et transparentes comme la
pellicule d'une bulle de savon, laissent voir les
organes de l'habitant. Ces méduses contenaient
aussi de petits crustacés dont la carapace semble taillée dans les hélitres d'un hanneton
doré.

Mes filets m'ont ramené de petits poissons de
formes normales de moins d'un pouce de long,
couverts d'écailles en pur or, émeraudes et saphirs. Ils semblent moins appartenir à l'histoire
naturelle qu'à la joaillerie.

Combien sont misérables ces conceptions de
dragons, sphynx, chimères, ourques des poètes ou
les créations apocalyptiques enfantées par l'esprit terrorisé du moyen âge auprès des réalités

de cette gloutonne et batailleuse population de la mer... Les animaux terrestres ont des préoccupations diverses : dans l'Océan on n'en a qu'une, poursuivre le mangé, éviter le mangeur. La guerre est de tous les instants, tous aussi sont pourvus d'engins formidables. Heureusement, parmi ces monstres terribles, les géants, pour la plupart, ont à peine la grosseur d'une tête d'épingle à cheveux. Les crustacés, crupellaires marins, brillent surtout par l'éclat et la variété de leurs cuirasses, par l'étrangeté de leurs armes... Corps, pattes, pinces, antennes, mandibules, semblent de pur cristal. Parfois une partie de l'armement (les pinces par exemple) se revêt de rose ou de rouge éclatant; quelques-uns ont l'air d'un agencement de diamants saupoudrés de menus fragments d'améthyste... L'un des plus gracieux et des plus complexes a une tête de singe quelquefois jaune serin ; quand nous en trouvons dans mon filet, mon aide ne manque jamais de s'écrier avec joie : encore un singe!... Quelle complication dans ces petits !... Beaucoup d'entre eux, invisibles dans l'eau, ne laissent apercevoir que leurs yeux, deux points noirs quasi mathématiques.

Parmi les transparents, on rencontre quantité d'animaux mous, gélatineux, composés presque entièrement d'eau; il n'en reste pour ainsi dire rien quand ils sèchent. Mais il en existe aussi

un grand nombre de consistants, de formes géo-
métriques fixes; en perdant leur eau, ils se flé-
trissent à peine et conservent, avec une certaine
solidité, leur apparence de cristal. Souvent mes
filets se chargeaient à rompre d'animaux ainsi
constitués de la forme d'une pointe de baïonnette. J'ai rencontré quelquefois un trapèze régulier avec une entaille à sa grande base, on
l'aurait facilement pris pour un morceau de
double vitre coupée avec un grand soin. On
est presque tenté d'attribuer au règne mi-
néral ces vivants dans lesquels on ne dis-
tingue à l'œil nu aucun organe, bien qu'ils
aient souvent plus d'un pouce carré de surface.

26 juillet 1882. Par 35° Sud et 10° Ouest.

Calme. — Ce matin j'ai fait dans mon filet
une intéressante trouvaille, une forme d'anguille
de quinze centimètres de long, haute de un cen-
timètre, aplatie dans le sens de la largeur comme
une feuille de papier mince, pas de nageoires,
un simple ruban transparent et incolore muni
de deux yeux bleus bien conformés ; dans
l'eau, on ne voit que ces yeux de la taille

d'yeux de sardines, auxquels ils ressemblent fort.

J'eus à ce sujet une discussion très vive avec notre docteur, il voulait classer ma capture parmi les vers; cette injure adressée à un être bien supérieur me révolta. Si petite que fût la bouche, on reconnaissait deux mâchoires s'ouvrant et se fermant dans le sens vertical, caractère des vertébrés; de plus, à part les céphalopodes (les poulpes, par exemple), les vertébrés ont seuls à mon humble avis des yeux aussi perfectionnés. Quand mon contradicteur se fut armé d'une loupe, il avoua ses torts envers mon poisson, car c'en est bien un. De la tête à la queue, à travers son corps translucide, on distinguait comme un cheveu grisâtre la colonne vertébrale; au-dessous on apercevait le canal intestinal grâce aux petits points noirs en chapelet dont il était rempli, figurant assez bien la ligne finement ponctuée d'une épure.

Aucun autre organe n'était visible à la loupe — fort médiocre loupe, il est vrai.

Voilà un incontestable vertébré prodigieusement simple, et bien cousin des invertébrés. Si j'avais fait une découverte!... Peut-être ce modeste poisson est-il un indispensable chaînon de la théorie transformiste?... Peut-être quelque habile naturaliste tirera-t-il de cet innocent les conséquences les plus imprévues?... Qui sait s'il ne tient pas un rang de première impor-

tance dans l'histoire de nos aïeux?... De l'ingéniosité des naturalistes, rien ne saurait
étonner [1].

1. J'ai su depuis que ce vertébré dégradé était, en effet, parfaitement inconnu.

KERGUELEN

En mer, 13 août 1882.

Nous venons de passer Kerguelen.

La proximité de cette grande île m'a suggéré les pensées les plus diverses.

D'abord elle se trouve juste à mi-distance entre les deux plus grandes colonies anglaises, l'Afrique du Sud et l'Australie. C'est un point stratégique de la plus haute importance. Avec un dépôt de charbon et deux bons croiseurs, on aurait là un poste redoutable. Toute la marine à voile anglaise, affectée au commerce de l'Australie avec la métropole — c'est-à-dire ses plus beaux navires — passe non loin de Kerguelen.

Les communications entre l'Afrique et le nouveau monde anglais, déjà fort importantes, tendent à se multiplier de jour en jour; rien de plus facile que de les couper de Kerguelen.

Kerguelen est une position militaire de premier ordre.

La Réunion possède déjà, aux petites îles Saint-Paul et Amsterdam, d'importantes pêcheries fondées par M. Heurtevent, capitaine au long cours de Saint-Servan; on y prend une espèce de morue dont le rôle est fort important dans l'alimentation de notre petite colonie de l'Océan indien. Jadis ce poisson salé venait du cap de Bonne-Espérance, où son abondance a fait de la pêche une importante industrie.

Tout porte à considérer Kerguelen comme appelé à devenir un centre de pêche important.

Suivant toute probabilité, entre Kerguelen et le continent polaire, il existe des bancs analogues aux bancs de Terre-Neuve. Dans l'Atlantique, les eaux chaudes du Gulf-Stream barrent le passage aux icebergs, ce qui donne lieu, au nord du cours du grand fleuve océanique, à des formations de transport; aussi la profondeur de la mer y est-elle beaucoup moins grande. Partout où les icebergs flottent en nombre, il doit se former des bancs. Les glaciers, depuis des milliers de siècles, arrachent aux terres australes des roches, des terres, des sables, des graviers; et, quand ces glaces, emportées vers le nord, se fondent, elles déposent ces matériaux au fond de l'Océan.

En étudiant les conditions dans lesquelles se trouve Kerguelen, on est frappé de leur analogie avec les conditions dans lesquelles se trouve l'Islande. L'existence dans ces parages d'une morue plus ou moins semblable à celle que nous connaissons en Europe ne saurait être mise en doute, puisqu'on l'exploite déjà à Saint-Paul et Amsterdam.

La situation de Kerguelen est moins polaire que celle des Malouines où les Anglais se portent à merveille. Sans doute, ce ne doit pas être un séjour fort agréable pendant une bonne partie de l'année ; cependant cette terre, en sa qualité d'île jouissant d'un climat marin, ne peut être soumise à des variations de température excessives. La partie nord, abritée contre les vents froids du sud, exposée aux vents chauds de l'équateur, doit être surtout fort habitable. Kerguelen est compris entre 48° et 50°, Dunkerque dépasse 51° ; l'hémisphère sud est, il est vrai, plus froid et Dunkerque bénéficie de la chaleur déversée par le Gulf-Stream dans le Pas-de-Calais. Néanmoins, on peut l'affirmer, le climat n'y est pas plus dur que dans un bon quart de la France. L'Islande, où l'on vit fort bien en somme, est par 63° ; de 50° à 63°, il y a de la marge. A coup sûr, ce serait un climat autrement sain que celui de la plupart de nos colonies.

Aux pêcheries de poisson analogues à celles fondées par M. Heurtevent, on joindrait cette chasse des oiseaux de mer qui, par l'extraction de leur huile, a donné les résultats les plus satisfaisants sur la côte de Patagonie... mais surtout la chasse des grands mammifères marins, phoques, lions, éléphants de mer... chasse fructueuse, occupant aujourd'hui presque seule les débris de la marine marchande américaine.

C'est par centaines de mille que les Américains capturent les précieuses peaux de ces mammifères dans la seule île de New Géorgia.

Si, dans l'intérêt de la science — et la science pure, il ne faut pas l'oublier, conduit toujours aux conséquences pratiques les plus inattendues — on veut un jour ou l'autre étudier sérieusement les terres australes, Kerguelen, par la force des choses, deviendra nécessairement la principale base d'opération.

La situation de Kerguelen, au centre du vaste océan compris entre le cap de Bonne-Espérance, les terres australes et le cap sud de Tasmanie, en fait une des stations météorologiques les plus importantes du globe. Comment déterminer les lois des mouvements de l'atmosphère, la théorie des météores, sans de nombreuses observations en des points bien choisis?... Dans cet immense espace on n'a pas le choix, Kerguelen se présente comme l'unique siège possible d'un observatoire météorologique.

Aujourd'hui, la question du magnétisme terrestre préoccupe tout le monde savant; or, il est de toute évidence que l'explication de ces

mystérieux phénomènes se trouve immédiatement liée à l'étude suivie des aurores polaires,
des orages magnétiques, comme Humboldt les a
si justement définies. Il faut dans ces parages
une station d'études magnétiques ; à ce point
de vue, un établissement à Kerguelen s'im-
pose.

L'oranger ne fleurit pas à Kerguelen ; mais
c'est un pays sain, précisément parce qu'il se
trouve sous un climat dur. Un climat à la fois
pénible et sain peut avoir son utilité. Ne serait-ce
pas un emplacement admirable pour un pénitencier ? La Nouvelle-Calédonie est un véritable
éden. Est-il bien logique de récompenser du paradis terrestre les forfaits des grands criminels ?

Bien des gens, qui font un mauvais coup dans
l'espoir d'être *conduits à la campagne*, hésite-
raient peut-être devant la perspective d'être
transférés à Kerguelen.

La Nouvelle-Calédonie devrait être réservée
aux condamnés de bonne conduite ; elle devrait
être une récompense.

Dans la peine de la transportation, le temps
ne devrait pas être le seul facteur, il faudrait y
faire entrer aussi le lieu. Nous devrions avoir
des pénitenciers sur la côte d'Afrique, en Guyane,
à Madagascar, à Kerguelen. On n'enverrait en
Calédonie que les gens susceptibles de s'aman-
der.

La Nouvelle-Calédonie sera prochainement encombrée ; il est temps de songer à d'autres lieux de transportation.

Entasser les condamnés sur un seul point est le plus sûr moyen de leur rendre tout retour au bien impossible.

A tort ou à raison, les tendances à l'abolition de la peine de mort s'accentuent de jour en jour. Si la peine de mort existe encore dans la loi, elle n'existe plus dans la réalité... on n'exécute plus. La peine de mort étant abolie en fait, il est urgent de la remplacer. Ceux qui ont encouru cette peine doivent à la société de se racheter en servant de pionniers à la civilisation dans les climats malsains ou rudes.

. . . .

. . . .

La configuration de Kerguelen offre une grande analogie avec celle de l'Islande et des Malouines. Les mêmes causes, les anciens glaciers, ont produit les mêmes effets. C'est une terre accidentée, entourée d'une merveilleuse ceinture de criques, de fjords, d'abris de toutes sortes.

Kerguelen porterait très bien le nom d'Islande australe.

Pour résumer, nous définirons Kerguelen :
1° Position militaire de premier ordre.

2° Base nécessaire de toute exploration sérieuse des mers australes.

3° Station obligatoire de météorologie, point spécial pour un observatoire magnétique.

4° Centre de pêche important.

5° Excellent pénitencier pour les incurables.

TRANSPORTATION DES FEMMES

Une idée conduit à une autre ; mais, quand on est possédé par une idée fixe, tout vous y ramène. Ainsi Kerguelen me conduit à la transportation des femmes.

Parmi les nombreuses plaies de notre époque, une des plus graves assurément est la philanthropie bête.

La philanthropie bête — la plus sotte des filles du socialisme — nous pousse à commettre un nombre incalculable de sottises.

Bien des raisons militent en faveur du système de la transportation, mais celle-ci domine toutes les autres :

« *On doit* SURTOUT *éloigner les bagnes comme*
« *foyers d'infection, et empêcher la rentrée des*
« *criminels dans le milieu social, après achève-*
« *ment de leur peine, parce qu'ils deviennent un*
« *ferment actif de démoralisation.* »

Il y a des gens dont le métier est de dresser les jeunes garçons au vol et les jeunes filles à la prostitution. Les anciens forçats libérés, comme aujourd'hui les récidivistes, tenaient école de crime.

Envisagés à ce point de vue capital, la démoralisation publique, quels sont les plus dangereux? les hommes ou les femmes?... Personne ne peut le dire, mais tout porte à croire qu'ils le sont également.

Quand les femmes se mêlent d'être perverses, elles l'emportent en perversité — telle est du moins l'opinion populaire.

Qui sait si l'influence de la femme perdue n'est pas plus funeste que celle de l'homme corrompu?

Donc il faut transporter les femmes.

Il faut les transporter pour tous crimes et délits pour lesquels on transporte les hommes.

Avant d'entrer dans l'égalité de tous droits entre l'homme et la femme, je demande d'abord cette égalité-là.

Mlle Hubertine Auclerc, au moins, j'espère, me prêtera son concours.

Qui souffre de l'odieux contact des libérés, récidivistes, condamnés, empoisonnés et empoisonneurs de toutes sortes, sinon les classes ouvrières?... Ce sont les fils et filles d'ouvriers que ces misérables corrompent. Les classes élevées sont à l'abri de cette contagion.

Tout vrai démocrate doit être partisan décidé d'une transportation rigoureuse, et de la transportation des femmes en particulier.

La philanthropie bête, c'est précisément tout le contraire de la véritable démocratie.

La transportation des femmes condamnées aux travaux forcés ou récidivistes doit figurer, au plus tôt, parmi les mesures réclamées avec instance par le bon sens populaire.

LES CORAUX

Nouvelle-Calédonie, 12 septembre 1882.

Depuis longtemps on a constaté une relation, d'ailleurs parfaitement logique, entre l'inclinaison générale de la partie émergée d'une côte et l'inclinaison de la partie immergée. La Nouvelle-Calédonie, très longue île très étroite, court en ligne droite grossièrement Nord et Sud. Par suite, on peut affirmer *à priori* qu'au N. et au S. la pente des terres immergées est relativement faible par rapport à la pente des côtes Est et Ouest sous-marines.

Cette remarque explique parfaitement pourquoi des récifs frangents, ou des récifs-barrières peu écartés du rivage, bordent la Nouvelle-Calédonie à l'Est et à l'Ouest, tandis qu'elle se prolonge au S. dans le sens de son axe par des bancs de coraux fort éloignés et bien plus encore au N. par une longue vallée coraline, suivie elle-même des atolls des îles Huon.

De cette configuration des coraux servant à l'île de ceinture, on peut conclure, sans crainte d'erreur, que la Nouvelle-Calédonie est la crête d'une longue chaîne de montagnes, dernier vestige de quelque continent effondré.

Très curieux ces atolls, monuments funéraires élevés par des animalcules à des mondes ensevelis.

Je tiens du pilote le Lézourd qu'un immense pâté de roches, situé au milieu d'une des passes de la côte E. — encore aujourd'hui porté sur les cartes — s'écroula soudain. La forme de champignon, fréquemment affectée par les pâtés de roches coralines, rend compte en partie de cet événement.

Cette forme de champignon, si bizarre au premier coup d'œil, s'explique aisément par les propriétés des coraux. La même cause engendre ces colonnes surmontées d'un vaste chapiteau et les prodigieuses corniches saillantes des récifs surplombants.

Différentes espèces de coraux ne peuvent vivre au delà d'une profondeur très restreinte, il est des espèces de surface pour ainsi dire, aucune d'ailleurs ne saurait s'élever au-dessus du niveau des plus basses mers ; à un moment donné, ces espèces sont donc réduites à croître extérieurement, c'est-à-dire à s'étendre horizontalement. C'est un superbe spectacle de côtoyer en embarcation ces récifs débordants, au-dessous desquels l'azur des eaux prend une teinte bleu-sombre. L'imagination se plaît à peupler d'êtres fantastiques ces mystérieux abris, et l'imagination ne se trompe pas... là se passent des drames terribles dans le combat pour la vie, lutte implacable mais froide entre des êtres étranges, goulus, silencieux et gluants.

Les coraux croissent en hauteur jusqu'au niveau des plus basses mers et meurent sous l'influence de l'air ou sous l'action directe des rayons du soleil. S'il y a affaissement de la base sous-marine, sur ces coraux morts se fixent et croissent des coraux vivants. Les mouvements verticaux des fonds de la mer et la propriété qu'ont ces coraux de bâtir horizontalement, près de la surface, de gigantesques corniches, engendrent les formes les plus inattendues.

Les tortues pâturent les algues aux mille couleurs dans les prairies sous-marines, tandis que d'innombrables troupeaux de scares broutent le corail vivant, comme les troupeaux d'herbivores broutent le gazon sur le flanc des montagnes.

Dans les récifs en voie d'accroissement se dépose une craie semblable à l'ancienne craie, à la craie de nos contrées. Souvent on y voit une vase flottante donner à la mer une couleur laiteuse, c'est le résidu d'animaux à écailles ou de coraux digérés et expulsés sous forme de déjections.

Ainsi l'intestin des scares, poissons sociétaires coralophages, est constamment gorgé de craie impure. La matière fécale rejetée par les échinodermes et les strombes géants est également chargée de matières calcaires. Ajoutez à cela les détritus de coralines, les dépouilles de foraminifères, molusques, échinodermes, crustacés cimentés par la craie laiteuse...

Tout tend à constater une origine exclusivement animale pour la craie de nos régions. Le marbre aussi a respiré, a vécu jadis.

D'une graine emportée par le vent et tombée sur un sol favorable, naît une plante qui croît et se développe en bourgeonnant ; chaque année, sur les branches nouvelles issues des bourgeons au printemps poussent à leur tour de nouveaux bourgeons ; chaque année aussi, de la même plante, les vents ou les animaux emportent au loin des graines qui seront l'origine de plantes nouvelles.

Chez la plupart des cœlentérés, nous retrouvons à la fois la reproduction asexuelle ou par bourgeonnement et la reproduction sexuée. Ces deux modes de reproduction ont un but tout différent : de même que l'arbre, le polypier croît par bourgeonnement ; de nouveaux polypes se juxtaposent sur le polype-mère, comme la branche pousse sur la branche. C'est par une série de bourgeonnements successifs que l'humble larve fixée et devenue polype formera un puissant massif capable de résister aux fureurs de l'Océan.

Dans la génération sexuée, un œuf fécondé par un spermatozoïde engendre une larve ciliée qui s'échappe du polype-mère ; cette larve, tantôt nageant, tantôt entraînée par les courants, après un certain temps de vie errante, se fixe et devient l'embryon d'une colonie nouvelle... Ainsi des animaux mobiles fondent des colonies d'individus fixes et les fixes engendrent des vagabonds qui vont chercher fortune au loin.

Ainsi le polypier s'accroît par la naissance de nouveaux individus sans l'intervention des sexes ; mais, pour fonder des colonies nouvelles, il faut cette intervention.

Quand les coraux, avons-nous dit, atteignent en poussant le niveau des basses mers, ils meurent ; de même un léger exhaussement de terrain supportant des coraux en croissance peut les faire périr tout d'un coup. On est frappé de la ressemblance de ces coraux rameux de couleur brune avec des champs de plantes mortes... Ces branches craquent sous le pied et l'on y enfonce comme à travers des broussailles tombées en pourriture.

Les deux grands types de structure corallique sont, d'une part les récifs *frangents*, bordant la côte comme leur nom l'indique, et, d'autre part, les *récifs-barrières* et les atolls. Les récifs-barrières laissent une large place à la navigation, souvent par de très grands fonds, entre la terre ferme et les récifs du large. Les atolls, comme on sait, sont des couronnes de récifs à fleur d'eau.

Le rapprochement, ou plutôt la comparaison, sur une carte, de tous ces récifs fait naître aussitôt la pensée de soulèvements et d'affaissements contemporains s'opérant avec une extrême lenteur... Les affaissements se produisent toujours loin des volcans ; les soulèvements, au contraire, les avoisinent et les éjections des matières volcaniques, sur certains points, en augmentent l'importance et le relief.

M. HIGGINSON

Nouméa, 7 octobre 1882.

Ce matin, j'ai déjeuné avec M. Higginson qui est bien, selon moi, la grande curiosité de la Nouvelle-Calédonie.

Il se peint lui-même par ces paroles :

« Un homme vraiment homme est une balle élastique qui ne tombe que pour rebondir, et qui s'élève d'autant plus que sa chute a été plus grande... seulement la balle, corps inerte, ne saurait rebondir plus haut que le point d'où elle est tombée... il en est tout autrement de l'homme, être essentiellement actif, autonome. »

M. Higginson, parti de rien, manœuvre aujourd'hui les millions avec une aisance vertigineuse.

— Bien des fois, lui ai-je entendu dire, je me suis demandé : « Vendrai-je chevaux et voitures, car, avant tout, il faut faire honneur à ses affaires », la fortune m'est toujours revenue au moment où je commençais à désespérer.

En dépit de sa petite taille, M. Higginson, grâce à sa large carrure, a un singulier aspect de force et de solidité; des yeux très vifs, pétillant d'intelligence, animent une physionomie dont le caractère dominant est une indomptable énergie, une volonté de fer. Il parle un français à lui et trouve le moyen d'être éloquent malgré les incorrections les plus invraisemblables, les barbarismes les plus étranges, prononcés avec un accent tout personnel... il persuade, mais surtout il entraîne; bon gré mal gré, vous le suivez dans un monde fantastique où les rivières d'or charrient des diamants.

C'est un lanceur d'affaires d'une imagination incomparable, il est le poète de la banque, le Napoléon des entreprises étonnantes..... mais l'homme d'affaires est doublé d'un homme de foi (et de bonne foi), il est l'apôtre — ou l'esclave, c'est tout un — d'une idée (la vulgarisation du nickel, par exemple), à laquelle il consacre temps, activité, fortune... sa fortune d'abord, et celle des autres aussi, dans la conviction que les persévérants recueilleront au centuple.

Possédant une bonne dose d'orgueil, il s'écrie volontiers :

— Que serait la Nouvelle-Calédonie sans moi ?

A tort ou à raison, on lui prête ces paroles :

« La Nouvelle-Calédonie, c'est moi; et j'ai l'administration dans ma poche. »

En effet, en dehors de la transportation — où l'on trouve encore un peu partout la trace de sa griffe — tout, en Nouvelle-Calédonie, en bien comme en mal, s'est fait par lui.

— Souvent un homme, me disait-il, est longtemps avant de trouver sa voie; il en est de même pour un pays. Faites le tour de l'île, partout vous y trouverez trace de millions gaspillés en essais infructueux... en apparence, tout cela est englouti en pure perte; en réalité, ces coûteuses tentatives étaient nécessaires pour déterminer le but précis à donner aux efforts des colons. L'avenir est aux mines, surtout aux mines de ce nouveau métal, le nickel, dont l'usage se répandra chaque jour davantage. Viennent en seconde ligne les richesses minières de chrome et de cobalt, en troisième ligne le cuivre.., enfin l'antimoine, l'opale, la serpentine et l'or.

D'après lui, on devrait s'emparer des Nouvelles-Hébrides, elles renferment des montagnes de soufre... il y a là du soufre pour la consommation du monde entier pendant des siècles.

Une autre raison pousse à la prise de possession des Nouvelles-Hébrides :

C'est la menaçante question des libérés.

Que faire des libérés?

D'après M. Higginson, on trouvera difficilement des mines aussi riches que celles de la Nouvelle-Calédonie, mais, en aucun cas, on n'en trouvera d'aussi facilement exploitables à cause de leur proximité des rivières et de la mer.

Il prit une cuiller de nickel et la tordit.

— Nous avons déjà vaincu une grande difficulté, reprit-il, le nickel était cassant, nous l'avons rendu malléable. Ce n'est pas tout. Arriver à une bonne fabrication, c'est quelque chose; laminer le nickel en feuilles minces, c'est un résultat... mais cet admirable métal coûte encore trop cher pour entrer dans la consommation générale. Aujourd'hui nous pouvons le livrer à 8 francs le kilo, je veux le faire descendre à 4 francs et j'y parviendrai. Voyez quel chemin nous avons déjà parcouru : autrefois la tonne de minerai revenait à 300 francs, son prix est tombé à 80 francs; parce qu'en centralisant les mines, je suis arrivé à une réduction considérable de frais, ou du moins, avec les mêmes frais généraux, j'exploite un nombre plus considérable de mines.

... Nous exploitons encore par des procédés enfantins. Avec une dépense de 3 millions, je réduirai de moitié les frais à Thio. Qu'est-ce que 3 millions?..... 150,000 francs de rentes..... Et qu'est-ce que 150,000 francs de rentes sur le chiffre annuel des affaires traitées à Thio?

... Dans ma conviction, avant peu le nickel fera concurrence au cuivre, je puis le produire à assez bon compte pour cela. Plus j'aurai de débouchés, plus je pourrai réduire mes prix, et, sous peu, le nickel, à qui l'on trouve chaque jour des propriétés nouvelles, deviendra d'un usage banal.

... Il faut prendre le pays pour ce qu'il est, il n'y a à lui demander aucune exportation de produits agricoles; tout au plus peut-il contribuer à nourrir ses habitants. J'ai dépensé assez d'argent dans les cultures pour savoir à quoi m'en tenir à ce sujet. Mais pour l'exploitation du chrome, du cobalt et surtout du nickel, c'est une contrée sans rivale.

... Ce sera une solution à la question des libérés : il leur faut du travail; nous, nous avons besoin de bras.

M. Higginson pense avec moi que l'administration pénitentiaire, en s'efforçant de produire (et combien elle produit peu et mal!), n'aboutit qu'à ce triste résultat de faire concurrence à la main-d'œuvre libre et d'étouffer en leur germe toutes les industries libres.

D'après lui (et j'ai maintes fois exprimé la même pensée), la main-d'œuvre pénitentiaire doit être exclusivement consacrée aux grands travaux publics. Ces grands travaux, rendant la Nouvelle-Calédonie accessible dans toutes ses parties, fourniront indirectement du travail aux libérés et fonderont ainsi la prospérité générale.

Cette opinion touche à la question de pénalité.

La loi condamne des coupables aux travaux forcés, et l'administration, de son chef, change la peine en récompense.

De malfaiteurs on fait des propriétaires, on leur donne gratuitement des terres, on leur construit gratuitement une maison, on les nourrit gratuitement pendant un temps indéfini.

Comment s'étonner, après cela, si des forçats conseillent à leurs parents de se faire condamner pour améliorer leur situation?

Ainsi l'administration, en transformant en propriétaires libres des gens condamnés [aux travaux forcés, se substitue au législateur. Dans l'intérêt de la colonisation, dans l'intérêt des libérés, les condamnés aux travaux forcés doivent être exclusivement employés aux travaux publics.

En Calédonie, on se préoccupe à tort beaucoup plus du condamné que du libéré. L'homme vraiment intéressant est le libéré, celui qui, après s'être acquitté de la dette de son crime, a droit à la bienveillance d'une administration qui ne confond pas la justice avec la vengeance.

Aujourd'hui, l'exploitation du nickel a toutes chances de réussite : elle est entre les mains de Rothschild, les capitaux ne lui manqueront pas. Un ingénieur très remarquable conduit les opérations techniques, tandis que la direction générale des affaires reste aux mains de l'intelligent et tenace champion du nickel, M. Higginson.

Une société écossaise, au capital de 12 millions, exploite le cobalt et le chrôme ; elle proposa de se fondre avec la société du nickel. M. Rothschild répondit que, l'affaire du nickel étant bonne, il tenait à la voir rester entre des mains françaises.

On peut croire la Nouvelle-Calédonie sortie de la période des tâtonnements et lancée enfin dans la voie de la prospérité.

Nouméa, 8 octobre 1882.

J'ai visité l'usine où l'on extrait le nickel de son minerai ; les hauts fourneaux sont établis sur un petit isthme pittoresque, entre la ravissante baie des Pêcheurs et la non moins charmante baie de l'Orphelinat.

Un seul haut-fourneau fonctionne ; un second haut-fourneau, en construction, ne tardera pas à produire. Sous l'aiguillon de l'espérance, tout marche avec activité, on sent la vie dans cette entreprise.

Il y a un an, le hasard de la promenade me conduisit dans ces parages. L'établissement était alors fermé ; on l'appelait *la Folie Higginson...* Partout un silence de mort, on se serait cru au château de la Belle au bois dormant...

L'irrésistible volonté du charmeur Higginson a réveillé tout cela.

— Bien des fois, me dit M. Higginson, je suis tombé dans un profond abattement, jamais je n'ai désespéré. Pendant la fermeture de l'usine, le directeur, — ingénieur très distingué que je paye 25,000 francs, — fatigué de ne rien faire, me demanda à diverses reprises à remettre ses fonctions. Toujours je lui ai répondu : « Je suis content de vous, êtes-vous mécontent de moi ? » Aujourd'hui, j'emploie trois ingénieurs que je paye 96,000 francs.

Un homme dont les bras furent l'unique héritage, sans aucune instruction, sachant à peine écrire, encore simple manœuvre à vingt-cinq ans, doit éprouver un très légitime orgueil à dire : « J'emploie trois ingénieurs que je paye 96,000 francs. »

A ce sujet, je ferai une remarque en désaccord avec les opinions le plus en vogue, pour le moment, dans notre France, où l'on s'imagine, en répandant l'instruction à flots, faire surgir partout des génies... Rien de plus faux. Il y a mille raisons pour vulgariser l'instruction, on ne la répandra jamais assez, à la condition que ce soit une instruction libre, complètement libre, entièrement libre, comme le comprenait et le voulait Bastiat. Mais il ne faut pas le perdre de vue : les grandes choses s'accomplissent par des esprits incultes et originaux dont une ins-

truction fausse n'a pas altéré l'ingénuité première.

En Amérique, en Angleterre, en Australie, ce
fait crève les yeux. Après le barbier Arkwright
et le grand Stephenson, on pourrait en citer mille
autres.

A la tête de la plupart des vastes entreprises
fondées en Chine par les Anglais, j'ai trouvé
des ouvriers incultes. Populariser l'instruction
pour l'éclosion des génies et la multiplication
des œuvres saillantes, c'est se préparer bien des
mécomptes... Il n'en est pas moins nécessaire
d'élever le niveau intellectuel des masses.

Le traitement du minerai de nickel offre une
grande analogie avec le traitement du minerai
de fer ; on emploie les mêmes fondants et la
réaction chimique est à peu près la même.

— Vous ne sauriez vous imaginer, me dit
l'ingénieur, toutes les difficultés contre lesquelles on se butte, quand on fonde une industrie dans un pays neuf. Je dois demander mes
rivets à l'Australie ; on me les expédie quinze
jours ou un mois après la demande, mais ils
n'ont pas la dimension voulue et la commande
est à refaire. Il en est de même pour tout.
Quand il m'a fallu des pierres de taille pour
établir les bâtis de nos machines, j'ai failli devenir fou... ce que ces quelques pierres coûtent
d'argent n'est pas croyable, encore n'est-ce rien
auprès de la dépense de patience et de volonté.

Un ouvrier noir attira mon attention par son activité.

— C'est un cafre, me dit l'ingénieur, si j'avais cinquante hommes comme lui, je ferais des merveilles... il est fondeur, charpentier, maçon, que sais-je ! mais surtout intelligent et laborieux.

Je cite ce fait, parce que plus je fréquente les diverses races humaines, plus je me convaincs que si plusieurs d'entre elles végètent misérablement, il faut s'en prendre à notre dédaigneuse indifférence à les instruire.

Mais la théorie de la supériorité de la race dite caucasique est commode et flatteuse pour les crétins de race blanche.

— Comment se compose votre personnel, demandai-je à l'ingénieur ?

— Pour le transport du minerai et des scories, nous employons des canaques, et, comme ouvriers, quelques blancs libres, mais surtout des libérés.

— Quel salaire donnez-vous à vos ouvriers ?

— Les salaires varient de 6 francs au minimum à 20 francs pour les ouvriers d'élite.

— Que produisez-vous actuellement ?

— Maintenant 10 tonnes par jour, mais nous en produirons 20 dans quelques semaines, quand notre second fourneau sera allumé.

— Et 300 par jour, quand nous serons installés à Thio, comme je le comprends, reprit

M. Higginson... alors j'aurai réalisé ma pensée... je vivrai assez pour cela ; le bon Dieu ne me fera pas banqueroute.

Pendant que nous promenions au milieu des machines soufflantes, des tas de minerai, des monceaux de scories, M. Higginson me dit :

— J'avais autrefois entre les mains toutes les fournitures du gouvernement, je gagnais alors de 6 à 700 mille francs dans mon année ; mais je me suis dit : « Tu peux faire mieux que du commerce », et je me suis passionné pour le nickel. Mon premier soin fut de visiter en personne tous les métallurgistes en renom de l'Europe, tous me répétèrent : le nickel n'a qu'un défaut, il coûte trop cher. Alors je me suis promis de créer le nickel à bon marché avec les montagnes de nickel de la Nouvelle-Calédonie. Maintenant l'affaire est lancée, aussi je songe à autre chose... L'Angleterre nous fournit tout notre métal blanc... Or, qu'y a-t-il dans le métal blanc ? Du cuivre, du nickel, de l'antimoine, de l'étain. Il y a en Calédonie, cuivre, nickel, antimoine. C'est à la France à fournir de métal blanc le monde entier.

... Mon premier essai avorta, les grandes entreprises réussissent rarement du premier coup ; comme vous le savez, ce fut une déconfiture complète. Il me fallut une foi robuste pour vendre tout ce qui m'appartenait, afin de recommencer sur nouveaux frais. Car j'ai dû tout vendre, tout engager, tout ce que j'avais amassé dans vingt années de labeur, pour remonter une affaire considérée par la plupart des gens comme une folie.

... Aujourd'hui, avec la fabrication de dix tonnes par jour, non seulement je couvre mes dépenses, mais je fais même un misérable bénéfice ; sous peu, je produirai vingt tonnes sans plus de frais.

... Dans cette usine, je continuerai l'exploitation des mines de Canala et de Ouaïlou ; mais à Thio, je créerai de grands établissements pour traiter le minerai sur place. De la mine, le minerai descendra directement dans les hauts fourneaux. Je touche au but : les plans sont arrêtés, les capitaux réunis ; mais pour arriver à ce résultat, combien il m'a fallu de persévérance !

Je rentrai à Nouméa dans l'équipage de M. Higginson, naturellement attelé des plus beaux chevaux de la colonie, où les beaux chevaux ne sont pas rares ; pendant un instant de silence, ces paroles d'un missionnaire me revinrent à la pensée :

« M. Higginson, me disait le Révérend Père, est doué d'une telle force de volonté, d'une énergie si inébranlable, que s'il venait à se ruiner entièrement, on le verrait reprendre sa brouette sans hésitation ni découragement... allègrement même, dans la conviction, bien entendu, de ne pas tarder à recevoir une nouvelle visite de la fortune.

Cet homme vraiment étrange, et d'une incontestable grandeur de caractère, m'arracha à mes réflexions par ces mots :

— Je viens de jouer un bon tour à l'Angleterre... Beaucoup d'Australiens ont acquis, aux Nouvelles-Hébrides, des chefs indigènes, des terrains de 10,000 hectares pour un peu de tabac et quelques pipes. Des navires de guerre anglais ont donné le cachet officiel à ces acquisitions, en les consacrant par la signature de leurs capitaines. Ces derniers jours, les acquéreurs ont été invités par le gouvernement à faire enregistrer leur contrat de vente à Sydney, afin de les placer sous la protection de l'empire britannique. Savez-vous ce que j'ai fait?... J'ai acheté tous ces contrats signés, paraphés, scellés à Sydney. De par Sa Majesté la reine Victoria, me voilà possesseur d'un beau lopin des Hébrides, notamment du plus beau port des îles... et c'est à l'Angleterre à me garantir mes propriétés.

Si jamais la Nouvelle-Calédonie devient quelque chose, elle devra à M. Higginson une statue de nickel.

NIMBA

Nouméa, 9 octobre 1882.

Au point du jour, je partais pour Nimba, vaste propriété de M. Higginson, affermée au service pénitentiaire.

M. P***, ancien colon, très au courant des affaires du pays, m'accompagnait.

— Il y a, me dit-il, dans cette île, trois éléments inconciliables et irréconciliables : l'indigène, le colon, le condamné. La Calédonie est beaucoup trop petite pour contenir deux systèmes aussi profondément antipathiques que la colonisation, — dont le premier besoin est une liberté d'action illimitée, — et l'administration pénitentiaire, dont le besoin non moins impérieux est un régime d'autorité absolue, je dirais presque dure et despotique... sans parler des naturels.

— Il faut cependant bien s'en préoccuper...

Certaines gens redoutent même une nouvelle insurrection, qu'en pensez-vous?

— A mon avis, si la répression est certaine, l'insurrection n'en est pas moins toujours à craindre. Les indigènes ont réfléchi depuis l'insurrection de 1878 et sont arrivés à la conviction de l'impuissance de nos armes, sans alliés canaques, contre des canaques ; ils concluent que leurs divisions ont été la seule cause de leur perte.

— Le fait est certain : s'ils ne peuvent rien contre nos troupes, nos troupes ne peuvent rien contre eux... En revanche, rien ne les empêche de massacrer encore les colons disséminés dans les campagnes.

— On doit toujours avoir présent à l'esprit le caractère du canaque et se bien pénétrer de ce fait : pour lui la guerre est un jeu, une distraction, un passe-temps, et la mort un accident sans importance.

— Pendant la dernière insurrection, nos pauvres troupiers s'épuisaient en marches interminables sans voir un ennemi.

— On ne réduira jamais les canaques par les armes ; mais il est aisé, avec un peu de patience, de les réduire par la famine. Il suffira d'incendier les cases, de détruire les tarodières et les plantations d'ignames, de brûler les gaines sèches à la base du panache des cocotiers ; en opérant ainsi, on ne tue pas l'arbre, mais on l'empêche de produire pendant deux années.

— Sans alliés, il n'y a pas autre chose à faire; j'ai assisté à la dernière insurrection, nos partisans seuls ont fait des prisonniers ou récolté des têtes. Sans eux, il eut bien fallu se borner à la guerre aux bananiers... Mais, dites-moi, avez-vous vraiment quelque confiance dans l'avenir agricole de ce pays?

— Oui, par la petite culture et la petite propriété et à la condition de trouver le produit propre au pays. Je le cherche vainement depuis longues années.

— En effet, répondis-je, un pays s'enrichit par une spécialité; voici Ténériffe lancée en pleine voie de prospérité par le plus modeste des légumes, l'oignon... Aujourd'hui cette petite île en fournit toute la côte d'Afrique.

— Tant que la Calédonie n'aura pas découvert sa plante, rien n'est à espérer.

— Il faut bien l'avouer, ce sol d'âpres montagnes renferme, en somme, peu de terres cultivables.

— Certainement les plaines, où l'on peut faire passer la charrue, se comptent; en revanche, quels admirables coteaux pour la vigne!

— Oh! les coteaux sont sans doute admirables, mais la vigne n'y produit rien de bon, que je sache.

— Question à étudier, reprit gravement M. P***, heureux d'enfourcher son dada, et pas à trancher à la légère. Je vais vous montrer à Nimba les résultats d'une expérience caractéristique : vous y verrez, semées dans des conditions identiques, 38 espèces de blé; 20 espèces sont en herbe et ne graineront pas, les 18 autres portent, sur de belle paille, des épis pleins et bientôt mûrs. Aussi entendrez-vous, sur la possibilité de cultiver le blé en Calédonie, les opinions les plus contradictoires; les divers expérimentateurs ont fait des expériences incomplètes, voilà tout. Même chose pour le figuier; je vous offrirai à votre arrivée des figues délicieuses, mais plusieurs variétés se bornent à pousser du bois sans donner le moindre fruit. Vous verrez des vignes vigoureuses, elles se chargent de grappes à la saison; mais la peau du raisin est épaisse, les graines très grosses, la pulpe sans saveur... J'en conclus simplement que je n'ai pas encore mis la main sur l'espèce susceptible de s'adapter au pays.

— Et que deviennent vos essais sur les vers à soie?

— Le mûrier vient parfaitement, voilà un premier point acquis. Quant à l'éducation du ver, j'en suis encore aux écoles. Les rats ont dévoré mes premiers élèves, les moustiques — un ennemi très redoutable — ont tué les seconds. Malgré tout, je vous montrerai bon nombre de ces petits animaux en train de filer leurs cocons. La plupart d'entre eux sont à l'ouvrage, d'autres ont cessé de manger et se mettent aujourd'hui même à la besogne. Pourquoi n'arriverait-on pas à élever le ver à soie sous ce climat chaud, sans l'être à l'excès, puisque le mûrier y pousse. Déjà j'ai obtenu de la graine de ver à soie.

— Au premier abord, on supposerait qu'une plante trouve, dans son pays d'origine, les conditions les plus favorables à son développement, il n'en est rien ; on voit, en diverses contrées, des végétaux importés par le hasard ou par la volonté de l'homme prendre tout à coup des proportions inconnues, se couvrir de fleurs magnifiques ou de fruits plus beaux et plus succulents. Les meilleures mangues du monde sont les mangues de Cayenne, cependant le manguier est un asiatique. On peut appeler la Calédonie le pays du pêcher, il y pousse comme chiendent, et, s'il est ailleurs des pêches plus veloutées, on n'en trouve nulle part de plus savoureuses, recueillies sans soins ni culture. On jette un noyau en terre, puis on récolte, quand l'arbre a grandi, sans plus s'en occuper. C'est encore, par excellence, la terre du haricot.

— Oui, mais des pêches et des haricots ne formeront jamais un fond sérieux d'exploitation agricole.

— Cela dépend, repris-je, de la qualité de leurs similaires en Nouvelle-Zélande et en Australie... Je vous ai cité l'oignon de Ténériffe, je pourrais ajouter l'orange de Taïti en si grande faveur sur la côte ouest américaine; un produit supérieur, un large débouché, il n'en faut pas davantage pour amener la prospérité. Très probablement, par sa position et son climat, la Nouvelle-Calédonie répond à cette condition de jouir d'une spécialité; comme vous dites, il faut la trouver. En somme, l'île fournit quantité de substances alimentaires : manioc, ignames, taro, bananes... d'après Humboldt, le bananier est, de tous les végétaux connus, celui qui donne, par hectare, le plus fort rendement en matières nutritives. La plupart des légumes d'Europe viennent bien, ainsi que plusieurs de nos fruits, la fraise par exemple, à côté des fruits des tropiques. Les poissons les plus délicats pullulent sur la côte; les cocotiers offrent à l'industrie le copra; le tripang est assez commun sur les bancs de coraux pour donner lieu à un petit commerce avec la Chine. Le bétail prospère et suffit déjà à la nourriture de ses habitants; il semble que le pays peut prétendre à un bel avenir, si l'exploitation du nickel devient sérieuse. Alors, si la Nouvelle-Calédonie n'a pas encore *sa plante*, elle aura du moins *son produit*.

On me conduisit, près des jardins de Nimba — où l'on fait des essais d'acclimatation dignes d'intérêt — à une briqueterie bien montée appartenant au service pénitentiaire. Le directeur de

Nimba espère pouvoir exporter bientôt en Australie des briques pour le compte de l'administration.

Je lui fis compliment sur la beauté de ses champs de cannes.

— Pour le moment, me dit-il, je me borne à distiller; la fabrication du sucre étant beaucoup plus compliquée, et l'administration trouvant le placement immédiat de son rhum, il y a tout avantage à opérer ainsi.

— J'ai vu, lui dis-je, autrefois Nimba terriblement éprouvé par les sauterelles.

— C'est la peste de la Calédonie... peut-être arriverait-on à éteindre le fléau, si l'on concentrait pendant quelques années de grands moyens dans ce but. Les dépenses de l'an dernier en chasse à la sauterelle montent à 70,000 francs, ce n'est pas assez. Non seulement ces maudits insectes ravagent toutes les plantations, mais, en dévorant l'herbe, ils affament le bétail. La sauterelle et le taureau luttent sur le même terrain pour la vie; le nombre des petits, ici encore, l'emporte sur la force des grands... Nous avons trouvé de bons pièges et des moyens de chasse efficaces; nous conduisons des bandes entières de sauterelles — avant que leurs ailes aient poussé, on les appelle alors *piétonnes* — à des trous où on les enterre en masse. L'an dernier nous en avons enterré plus de deux cents tonnes.

— Assurément la culture de la terre est chose importante, mais vous avez une autre mission plus grave, l'amélioration morale du condamné... obtenez-vous quelque résultat?

— Des résultats nuls ou négatifs le plus souvent? Il faudrait tout d'abord, avant leur départ de France et même avant leur réunion à l'île de Ré, diviser les condamnés en deux catégories : *Première catégorie*, les condamnés conduits en Calédonie pour un premier crime; *deuxième catégorie*, les transportés à condamnations antérieures. Des gens à condamnations antérieures, il n'y a rien, absolument rien à espérer. Quant aux transportés à condamnation unique — c'est l'exception — j'estime qu'avec beaucoup de soin et d'habileté, on pourrait en sauver un quart.

— La Calédonie, d'après les bruits publics, semble devoir être prochainement dotée des récidivistes.

— Oh, une engeance mille fois pire que les forçats!... c'est de la démence, la Calédonie ne suffit même pas à la transportation.

— Où s'installer?... L'Angleterre a déjà accaparé toutes les terres habitables.

— Je ne vois d'autre solution qu'une grande création pénitentiaire dans l'Afrique centrale.

L'ILE NOU

BEREZOWSKI

Ce matin visite à l'île Nou.

C'est une petite île très accidentée, aux pentes rapides, boisée par plaques, généralement couverte d'une herbe courte, jaune pendant la sécheresse. Avec la grande terre, elle forme la rade et le magnifique port de Nouméa ; port que la nature s'est complue à créer sûr et commode ; laissant peu à faire au travail humain.

Le débarcadère touche le camp des soldats, entouré d'un petit mur percé de meurtrières et garni de verre cassé.

On me conduisit vers un monument presque grandiose, où l'on a concentré les divers ateliers et qui domine toute l'installation pénitentiaire.

Près de ce monument, devant de grands fragments de troncs d'arbres entassés, un condamné fendait du bois.

— Voilà Berezowski, me dit mon guide, l'auteur de la tentative d'assassinat, à Paris, sur l'empereur de Russie, accompagné de Napoléon III... Il m'est impossible de comprendre comment cet homme très soumis et du caractère le plus doux a pu commettre ce crime.

Berezowski, qui accomplissait très consciencieusement ses fonctions de fendeur de bois, se découvrit en nous apercevant et se tint immobile, le chapeau à la main, dans la plus respectueuse attitude. Aucun signe d'énergie ou de résolution ne frappe dans cette physionomie insignifiante, dont le trait saillant semble être la bonté.

— Tous les ans, reprit mon compagnon, l'administration demande chaleureusement sa grâce, grâce qui ne lui sera probablement jamais accordée pour des motifs politiques que nous n'avons pas à apprécier ici.

Berezowski entendit ces paroles sans sourciller et se remit tranquillement à l'ouvrage en nous voyant partir.

— Il vit toujours seul, me dit mon guide, et ne se mêle jamais aux autres condamnés; il serait injuste de nier la dignité de sa conduite.

LE CAMP

Les ateliers de l'île Nou ne manquent pas d'importance : il y a une scierie, une fonderie, de belles forges ; tout cela est dirigé par un conducteur de travaux fort intelligent. Les explications qu'il me donna soulevèrent incidemment une foule de questions réclamant la plupart des solutions contradictoires. Le problème de l'île Nou, compliqué de colonisation, de production, de pénalité, d'amélioration morale, me paraît au-dessus de l'intelligence humaine. Il est du devoir de la société de poursuivre là courageusement une utopie ; mais il faut avoir assez de raison pour se contenter d'une triste réalité.

L'administration pénitentiaire a la prétention d'être productrice, prétention peu justifiée... En essayant d'atteindre ce but, à mon avis secondaire, elle perd de vue le principal objectif, la pénalité.

Beccaria a mille fois raison, quand il dit :

« La société ne se venge pas. »

Non, la société ne se venge pas, mais elle se défend et son devoir le plus impérieux est de se défendre.

Elle doit aussi tenter l'amélioration du condamné, c'est un devoir étroit pour elle, car souvent, il faut bien l'avouer, elle est en partie responsable du crime.

Il s'agit donc de résoudre les questions suivantes :

1° Défense sociale ;

2° Amélioration du coupable ;

3° Colonisation et production.

Les difficultés sont immenses et de nature à faire reculer, devant une telle tâche, la plupart des gens qui la comprennent.

Dans le grand atelier central, on a l'air de travailler et de produire... les comptes du budget prouvent que c'est un trompe-l'œil.

C'est étrange comme le travail ennoblit.

Aux forges, ces hommes couverts de sueur, éclairés par les reflets rouges d'un feu ardent, frappant à coups redoublés de leurs lourds marteaux sur le fer rouge, sous l'auréole du travail, semblent n'avoir rien de commun avec les misérables que l'on voit errer dans le camp.

Le camp des transportés, entouré d'un mur élevé, se compose de bâtiments rectangulaires parallèles, contenant chacun cinquante condamnés ; ceux-ci couchent sur des toiles tendues, sorte de hamacs dont la tête est au mur et les pieds tournés vers le dedans. Ces bâtiments vastes et bien aérés ne laissent rien à désirer sous le rapport de l'hygiène. Les soldats ne sont certainement pas mieux dans leurs casernes.

Un condamné de bonnes manières, d'une extrême propreté, très soigné dans sa tenue, dirigeait le nombreux personnel des cuisines, où d'immenses chaudières de cuivre reluisaient sur de larges fourneaux. Au premier coup d'œil, je reconnus un ecclésiastique. En effet, c'est un ex-vicaire général désigné par la voix publique à l'épiscopat. Chose étrange, ce n'est point Éros, mais Mercure qui l'a conduit à ces marmites. Pour assurer sa candidature à la crosse pastorale et à la mitre, il menait grand train, recevait comme un prince de l'Église, soldait des fondations pieuses... mais, comme on dit en marine, il déshabillait saint Pierre pour habiller saint Paul; ainsi, pour fonder un canonicat, il extorquait 25,000 francs à une communauté. A l'industrie de la captation des héritages, il joignait l'exploitation des couvents de femmes, les escroquant avec une audace inouïe. Les ordres religieux, défendant le bien du ciel, n'entendent pas la plaisanterie, quand il s'agit d'argent ; ils traînèrent, sans pitié, devant les tribunaux, le futur évêque.

Les condamnés sont divisés en cinq classes.

Dans la troisième, on distribue les arrivants qui peuvent, par leur bonne conduite, s'élever à la deuxième, puis à la première, ou descendre,

par de nouveaux méfaits, à la quatrième et à la
cinquième.

Les deux dernières classes, privées de vin,
sont affectées aux travaux les plus durs.

On comprend ce que peut être la cinquième
classe de l'île Nou ; l'inégalité dans la scéléra-
tesse a cependant conduit encore à y faire un
choix, celui des *Internés ;* c'est le dessus du
panier, la fine fleur du bagne.

Les internés ne sont astreints à aucun travail. On les tient prisonniers dans un bâtiment
écarté, identique aux autres d'ailleurs, sauf que
la porte, au lieu de donner dans le camp, s'ouvre sur une petite cour.

Dans le nouveau système pratiqué à l'île Nou,
l'élévation des murs n'a pas uniquement pour
but d'empêcher les évasions, mais encore de
produire une impression morale.

On ne ménage aux internés ni l'air ni la
lumière ; privés de hamacs, ils couchent sur un
lit de camp commun. Ils portent la double
chaîne ; la conversation à haute voix leur est
interdite. Deux fois par jour ils sortent dans
leur préau, se promenant pendant une heure à
la file indienne, sans prononcer une parole.
Ce silence absolu pendant cette promenade,
d'ailleurs hygiénique, est, paraît-il, fort pénible.

Le martinet, seule peine vraiment redoutée
par les incorrigibles, étant supprimé, on cherche

les moyens de réduire ces natures indomp-
tables.

Quand on ouvrit la grille, il me sembla pénétrer dans une cage de fauves, tous se dressèrent,
tête nue, la double chaîne allant de la ceinture
à la cheville où elle est fixée par une grosse
manille. La plupart étaient doués, avec un
masque d'énergie brutale, d'une puissante mus-
culature. Parmi eux, un nègre à charpente
prodigieuse, aux traits taillés à coups de hache,
par sa couleur, attire les regards sur un visage
où l'on cherche vainement quelque chose d'humain. On ne peut oublier, même après un
simple coup d'œil, cet autre colosse au front
singulièrement étroit, au cou de taureau, aux
mâchoires énormes.

Un de ces misérables, poursuivi par la crainte
d'être assassiné la nuit par ses compagnons,
cherche à se faire mettre en cellule. Ce tyran
de l'île Nou sort de l'hôpital, à peine guéri de
nouvelles blessures. Bien des fois on a tenté de
le tuer, il porte les cicatrices de près de quarante coups de couteau. D'une force hercu-
léenne, tatoué de la tête aux pieds, il a le corps
couvert de dessins et d'inscriptions obscènes ou
sanguinaires. La haine qu'il inspire a pour
cause sa fureur d'accaparer, par la violence et
la terreur, les beautés du bagne.

Les amours de l'île Nou sont des amours de
tigre et les jalousies y sont avides de sang.

LES CELLULES

Nous quittons les internés pour passer au bâtiment des cellules, composé de quatre corps de logis rectangulaires, divisés en 180 cellules situées soit au rez-de-chaussée, soit au premier étage.

Un couloir assez large sépare les cellules qui se font face, un chemin de ronde permet de surveiller celles qui donnent sur la face extérieure du bâtiment. Le seul but poursuivi étant l'isolement et la seule peine en vue l'ennui, on a donné à ces cellules tout le confort compatible avec l'idée qui les a fait créer. Elles sont grandes, bien aérées, largement éclairées. Un lit de camp, un inodore composent le mobilier. Un conduit traversant le mur et passant sous la couchette, établit un courant d'air avec la fenêtre grillée, plus élevée qu'un homme debout sur le lit de camp. Un revêtement en bois de forme prismatique, collé contre cette ouverture, sans gêner la circulation de l'air, l'activant au contraire, achève, comme dernière précaution, de rendre impossible toute vue au dehors.

— Quand on examine avec attention ces cellules, me dit le surveillant, on ne peut croire à la possibilité de communications entre les prisonniers ; ils surmontent cependant toutes les difficultés. D'abord ils ont un télégraphe fonctionnant au moyen du son, par petits coups frappés sur le plancher ; puis chaque jour ils inventent quelque nouveau truc. Ainsi ils emploient les cancrelacs pour leur correspondance. Voici comment ils procèdent : le cancrelac, commissionnaire, chassé avec bruit, s'échappe effrayé par-dessous la porte de l'expéditeur ; arrivé dans le couloir, l'insecte, errant effaré sur le plancher, se hâte de rentrer dans une cellule en passant sous la première porte venue. Il est rechassé par tout prisonnier auquel la missive n'est pas adressée ; renvoyé ainsi de cellule en cellule, l'étrange messager finit par arriver à destination.

Ce moyen de communication fort aléatoire offre du moins l'avantage de distraire des gens fort embarrassés pour gaspiller leur temps.

On s'explique la puissance et la fécondité d'invention de ces intelligences, en général fort médiocres, par cette vieille observation : « Le gardien pense à beaucoup de choses, le prisonnier ne songe qu'à une seule, tromper son gardien. » Cette tension d'esprit dans une direction donnée, comme toujours, accomplit des prodiges.

— Un peu plus, me dit le surveillant, en me montrant une cellule sur laquelle je lus le nom

de Guitot, le gredin coffré sous ces verrous serait
libre en France et peut-être proposé pour le prix
Montyon par quelque philanthrope. Il appartenait au camp de la Dumbéa. Le chef de ce
camp fit au directeur du service pénitentiaire
un magnifique rapport sur le sauvetage de la
famille L*** opéré par Guitot. Cette famille,
l'une des plus considérées de la colonie, se pro-
menait en bateau à l'embouchure de la rivière
dont le courant devient fort rapide à certains
moments de la marée. Il y avait le père, la mère,
deux filles, trois petits enfants. Tout à coup
l'embarcation chavire au milieu du cours d'eau
très large en cet endroit. Guitot se précipite au
secours de ces malheureux, dont pas un seul
ne savait nager, et ramène successivement tous
les membres de la famille, les derniers à demi
noyés... Le brave condamné, à bout de force,
mais non de courage, faillit périr victime de son
dévouement, quand, pour la septième fois, aux
cris suppliants de la mère, il s'élança dans l'eau
tourbillonnante pour sauver le dernier des pauvres petits.

... Le directeur du service pénitentiaire se
hâta d'adresser au gouverneur le rapport du
chef de camp, en l'accompagnant d'une demande
en grâce en faveur de ce forçat héroïque.

... A son tour, le gouverneur transmet au
ministre de la marine tout le dossier avec une
chaleureuse apostille.

... Enfin l'affaire arrive à la commission des grâces.

... Déjà le rapport concluant à la grâce de Guitot est rédigé pour le Président de la République, quand un des membres de la commission dit : « Cette affaire me semble louche, je suis en relations intimes avec la famille si miraculeusement sauvée ; par le dernier courrier, j'ai encore reçu une lettre du père, lettre dans laquelle il m'entretient de tous les petits cancans de Nouméa, et j'ai peine à admettre son silence sur un évènement si considérable pour lui et pour les siens. Me sachant membre de la commission des grâces, il n'aurait pas manqué par reconnaissance de me recommander le sauveur de sa famille ».

... On examina les pièces plus attentivement et des doutes s'élevèrent sur leur authenticité.

... En effet, le dossier tout entier avait été fabriqué par Guitot. La famille L*** n'avait pas mis les pieds à la Dumbéa à cette époque. D'ailleurs tous ces faux papiers portaient, imités à s'y méprendre, les timbres des bureaux d'où ils étaient censés émaner ainsi que les signatures. Enfin le tout avait été glissé dans le paquet du gouverneur au départ du courrier.

En un quartier réservé, fermé par de fortes grilles, sur cinq cellules consécutives, je lus « condamné à mort. »

— Il ne faut pas vous étonner, me dit mon

guide, de ce grand nombre de condamnations...
Comme on n'exécute jamais, la condamnation
à mort n'épouvante personne. D'une part, les
conseils de guerre persuadés de l'inexécution
de leur sentence condamnent plus aisément;
d'autre part, les forçats se font un jeu de braver un danger illusoire qui les pose devant le
bagne. La peine de mort est abolie en fait, le
seul moyen de répression possible est la rigoureuse application du régime cellulaire. Il faudrait construire des cellules à 50 mètres au
moins les unes des autres dans un lieu écarté
où nul bruit ne pourrait parvenir; le séquestré
ne devrait même ni voir ni entendre le geôlier
chargé de lui porter sa nourriture. Comme dé-
pendance de sa cellule, il aurait, pour prendre
l'air, une petite cour à murs de 4 mètres.

Autrefois le gouverneur, après consultation
du conseil privé, pouvait ordonner l'exécution;
maintenant ce pouvoir est exclusivement réservé
au Président de la République, dont les transportés connaissent tous la profonde horreur pour
la peine de mort; aussi les condamnés à mort
n'ont-ils nul souci de leur situation.

En enlevant au gouverneur le droit d'exécution, on a supprimé la peine de mort. Le condamné à mort doit être exécuté dans les vingt-
quatre heures; le bon sens et l'humanité commandent de ne pas prolonger son agonie; agir
autrement serait ajouter la torture au supplice.

On exécute dans les vingt-quatre heures ou l'on n'exécute pas. Nos mœurs ne permettent pas de sanctionner une sentence dont l'exécution sera postérieure de trois mois au prononcé du jugement.

Malgré tout, ces quelques mots,

X***

Condamné à mort

sur cinq portes à la file, écrits en lettres moulées comme s'il se fut agi d'une denrée de magasin, me jetèrent dans un grand trouble.

On m'ouvrit une cellule ; le condamné se leva, blanc tant il était pâle, en chemise de toile et pantalon gris très propres. Une chaîne légère allait d'un pied à l'autre ; une autre chaîne pareille lui liait les mains à la ceinture, ne permettant que des mouvements d'une médiocre étendue.

J'étais comme écrasé par cette dégradation d'un être qu'une voix intérieure appelait mon semblable, et, malgré moi, je me posais cette question redoutable :

Par quel ordre de choses divin et humain cet homme est-il là et toi libre?

Et je me sentais perdu dans une affreuse nuit.

Cependant — il n'y a raisonnement, philosophie ni charité qui tiennent — il est des hommes qu'il faut traiter comme des serpents à sonnettes.

Mon guide demanda avec douceur au condamné à mort s'il n'avait aucune réclamation à faire ; le malheureux demanda fort convenablement à passer dans une des cellules opposées, mieux exposées à l'air, selon son appréciation... On lui promit de tenir compte de sa demande.

LE BOURREAU

Air : *Quand la mer Rouge apparut.*

C'est un coup que l'on reçoit
Avant qu'on s'en doute ;
A peine on s'en aperçoit,
Car on n'y voit goutte.
Un certain ressort caché,
Tout à coup étant lâché,
Fait tomber, ber, ber,
Fait sauter, ter, ter,
 Fait tomber,
 Fait sauter,
Fait voler la tête ;
C'est bien plus honnête.

(D'après Desmoulins cette chanson fut chantée en janvier 1790 — peu après l'invention de la guillotine — par les meneurs de l'aristocratie à *ses petits soupers chez le bourreau de Paris*. Sanson fit assigner Desmoulins pour être condamné à des dommages et intérêts à titre de *réparation d'honneur*. Sanson se considérait comme attaqué dans son honneur par l'accusation de fréquenter l'aristocratie.)

Quand je descendis dans la cour, on me fit entrer dans l'ancienne cellule de Lullier, petite case située aujourd'hui au centre du vaste bâtiment consacré au système cellulaire et construit depuis le départ de ce personnage célèbre, car jamais cet important acteur de la tragédie communarde ne fut confondu avec les autres forçats.

Par sa résistance invincible à revêtir la casaque de condamné, à quelque rigueur qu'on l'ait soumis, il contreignit toujours à lui créer un régime à part — ce régime, par exemple, fut la nudité dans un cachot, en plein hiver, pour passer le cap de Bonne-Espérance et l'océan Indien. Du reste, en général, l'autorité supérieure à Nouméa, peut-être séduite par cette volonté de fer, par cette énergie qu'aucune souffrance ne pouvait abattre, montra toujours une grande répugnance à le traiter comme un criminel de droit commun.

On bâtit donc tout exprès pour Lullier une cabane où il vivait nu, s'enveloppant dans sa couverture quand quelqu'un se présentait. Théoriquement, il était au cachot, mais on lui laissait la porte ouverte. On ne craignait pas de le voir sortir, car il lui eut fallu revêtir les vêtements de condamné déposés dans un des coins de sa cellule ; or, ce n'était un doute pour personne, il eût préféré la mort à cette ignominie.

Dans cet étroit logis, un grand vieillard à figure jaune, émaciée, rappelant, par les traits et l'expression, le masque de Voltaire et le vers de Musset

> ..... Et ton hideux sourire
> Voltige-t-il encor sur tes os décharnés ?

assis devant une table, frottait avec un soin méticuleux, ou plutôt caressait avec amour un triangle d'acier clair et brillant.

— Te voilà encore en train de fourbir ton instrument, gredin ? lui dit avec dégoût mon guide, dont le ton habituel avec les condamnés est celui d'une bienveillance froide et polie.

— Que voulez-vous, répondit le vieillard avec un rictus à donner la chair de poule, je m'ennuie à ne rien faire, on m'a même supprimé la distraction des coups de cordes et mon bijou se rouille dans son écrin.

Le transporté, reconnaissant en moi un nouveau visiteur, se leva pour me faire les honneurs de son domicile.

— Voici mon lit, dit-il d'un air narquois, en me montrant une couverture de laine grise étendue sur un étroit lit de camp.

Puis il tira brusquement la couverture avec un rire diabolique, et je vis qu'elle cachait les montants de la guillotine avec tout son attirail.

Il continua d'un ton de joyeuse humeur :

— On fait là-dessus de bien bons sommes et de jolis rêves... Dans mon sommeil, j'ai coupé le cou à bien des gens ; mais je n'ai plus le plaisir, qu'en dormant, de faire fonctionner ma mécanique... et cependant je n'épargne pas ma peine pour la tenir en état... elle est toujours prête ; regardez-moi ça ! comme c'est soigneusement entretenu, comme ça court bien.

Et ce disant, d'une main agile, il fit courir dans la coulisse le lourd poids qui appuie sur le couteau dans sa chute.

— Voulez-vous, me dit-il en me montrant le grand écrin où étincelait le couteau en triangle, tâter le fil ?... un vrai rasoir... Quand on vous a fourré la tête dans la lunette, on presse un bouton... couic !... et c'est déjà fini, dit-il en se frappant le cou avec la main et laissant, d'un mouvement brusque, tomber sa tête sur sa poitrine... C'est égal, ça doit être froid, quand ça passe.

Bourreau, militaire, prêtre ou marchand de perlimpinpin, nous posons tous ; notre bonheur suprême est d'épater le prochain.

— J'en ai guillotiné vingt-neuf, et là-dessus pas un raté, reprit-il gonflé d'orgueil comme un général énumérant ses victoires, ça n'est pas moi à qui il arrive d'être obligé de s'y reprendre à deux fois.

— Vous trouvez donc du plaisir... à exécuter? lui dis-je avec embarras.

— Certainement, me répondit-il d'un air dégagé, c'est de la canaille... ils ont voulu me tuer plusieurs fois, et ne me manqueraient pas s'ils pouvaient... Aussi je jouis à les voir trembler dans leur peau, pendant que je les boucle sur la planchette... Si ça n'est pas une pitié que je reste les bras croisés, quand il y en a là quatre ou cinq qui devraient me passer par les mains et me donner de la besogne... Qu'ils cherchent à me tuer, moi, cela se comprend... mais il y a là des misérables, déjà chargés de trois assassinats, qui tuent de pauvres surveillants pères de famille.

L'odieux vieillard dit ces derniers mots tout attendri, essuyant de la main ses yeux, comme si des larmes en avaient pu couler.

Ce mélange de cynisme et d'hypocrisie me remplit à la fois d'impatience et d'horreur, et je partis... J'eus tort, ce type affreux méritait une consciencieuse étude.

— Cumulant les fonctions de bourreau et de correcteur, me dit mon guide, il se délectait en appliquant les coups de cordes, il savourait la douleur du patient ; une exécution le mettait en gaieté pour huit jours. Maintenant il s'ennuie en compagnie de sa chère guillotine inactive, car je crois vraiment qu'il l'aime... S'il paraissait dans le camp, il serait immédiatement massacré. Cependant, il se vante de ses conquêtes ; à l'en croire, il eut à l'île Nou beaucoup de succès galants.

LE PÈRE ÉTERNEL

En sortant de l'enceinte des cellules, nous tombons sur le père Jeannin, aumônier de l'île Nou.

Les transportés l'appellent le *Père éternel*.

Et jamais surnom ne fut plus heureusement trouvé.

En voyant ce beau grand vieillard, majestueux dans sa robe de prêtre, il est impossible de ne pas penser à la fresque de Raphaël *Dieu faisant sortir le monde du chaos*. D'une apparence de force peu commune, doué d'une physionomie toute pétrie de noblesse et de bonté, superbe dans ses attitudes, magnifique dans ses gestes, et toujours cependant d'une simplicité toute chrétienne, il commande le respect.

Ces dehors imposants de l'ancien missionnaire enveloppent une grande âme, cette large poitrine contient un grand cœur. IL AIME ces misérables, et c'est, je crois, le plus haut point où puisse être portée la charité.

Mon guide me peignait, avec un involontaire tremblement dans la voix et des larmes mal retenues, le spectacle émouvant du Père à genoux, courbé sur un forçat blessé à mort, et lui répétant à l'oreille avec l'accent du désespoir :

« Repens-toi, malheureux ! »

— En somme, me dit mon guide, malgré son dévouement sans bornes, son immense désir de faire le bien, son influence est nulle, et son rôle se borne le plus souvent à graisser les bottes de gens aux trois quarts morts.

Nous trouvâmes le Père de très joyeuse humeur.

Grâce à ce contentement, nous n'eûmes pas longtemps à attendre ses confidences. Il venait de terminer un cantique en l'honneur de saint Dismas, le bon larron, qu'il avait choisi pour patron de l'île Nou. Il se proposait de faire chanter pour la fête du saint, par des chœurs de transportés, ce morceau de poésie religieuse.

Le Père enthousiasmé nous le fredonna.

Je suis dans la pénible obligation d'avouer que je n'ai rien entendu de plus niais.

Décidément le catholicisme est trop vieux.

Il nous donne le spectacle attristant d'un héros tombé dans l'enfance.

Ce fut un grand coup du christianisme naissant de mettre près du Christ, sur son autel, un forçat de l'époque... Aujourd'hui le catholicisme a remplacé les viriles audaces par l'impudeur de ses miracles imbéciles.

LES FOUS

Nous traversâmes l'île pour visiter l'hôpital entouré de bois, au bord de la mer, près d'un banian célèbre par ses dimensions colossales, lieu charmant sans cesse caressé par les brises du large.

— Bien des grandes villes de France, me dit le docteur, voudraient avoir un hôpital aussi vaste, aussi bien emménagé et dans une situation aussi salubre et aussi gaie.

— En fait de luxe d'hôpital, répondis-je, j'apprécie le luxe américain : construire des hôpitaux provisoires, simples, légers, le moins coûteux possible et les brûler tous les cinq ans.

De l'hôpital, où l'on est étonné de rencontrer des misérables odieusement stigmatisés de la tête aux pieds, dévorés vivants, on peut dire, de maladies honteuses qui se perpétuent dans les bagnes en dépit de toutes les mesures et de toute la vigilance de l'administration, nous nous dirigeâmes vers l'asile des fous.

C'est un long bâtiment rectangulaire coupé au milieu par un vaste couloir et divisé ainsi en deux salles fermées par de très grandes grilles. De ce couloir l'infirmier surveille à la fois les deux salles. L'horrible spectacle que l'on a sous les yeux évoque l'enfer du Dante et rappelle le vers cruel :

Lasciate ogni speranza

De larges fenêtres à barreaux de fer, hors d'atteinte, versent à foison dans les salles l'air et la lumière.

Au fond de la salle de gauche, en face de la grille, un homme nu, adossé au mur, les regards fixés à terre, se porte par moments l'index au front, remuant les lèvres, sans se soucier du trouble causé par ma présence parmi ses compagnons. Ceux-ci se pressent à la grille, me regardant avec curiosité; l'un d'eux m'adresse la parole avec une telle volubilité, que je ne puis saisir un mot de son discours accompagné de gestes emportés.

Dans la salle de droite, au fond, faisant pendant à l'homme nu, un Chinois assis sur un banc, les jambes croisées, dans l'attitude d'un

Bouddha, garde une immobilité de statue, ne
bougeant même pas les yeux ; on dirait une
idole de bronze.

Un homme bien taillé, de fière mine, s'approche de la grille de la salle à l'homme nu, la
tête enveloppée d'un turban fait avec un tricot,
les souliers garnis de verroteries et de fanfre-
luches ; majestueusement drapé dans sa couverture, il prend des airs d'empereur romain, et
semble commander au monde.

Il avait été marin.

— Vous avez servi dans l'armée de mer, lui
demandai-je ?

— Oui, et j'ai fait la campagne de France, en
1870, sous les ordres du commandant Rolland... auprès de Besançon, nous avons flanqué
aux Prussiens une rude tripotée.

— Ah ! vraiment, lui dis-je avec un intérêt
réel, vous avez fait la campagne de 1870 avec
le commandant Rolland ?

— Oui... un brave !... s'il y en avait eu beaucoup comme lui, les Prussiens auraient couru
un vilain bord... Avec lui, voyez-vous, on se
serait jeté au feu, tant il savait vous donner du
cœur au ventre.

La tête du fou avait pris en ce moment une
très noble expression guerrière.

Il reprit :

— Je vais écrire au commandant Rolland, qui
ne me laissera pas plus longtemps prisonnier

de ces chiens de Prussiens ; et qui viendra me délivrer à la tête d'un bataillon de fusiliers marins... Donnez-moi un peu de tabac, s'il vous plaît.

Le docteur me dit :

— Je ne voudrais pas affirmer que cet homme soit entré ici atteint d'aliénation mentale... Cette aliénation a bien pu, au début, être simulée. Condamné pour viol d'une enfant canaque, peut-être a-t-il espéré échapper aux suites de sa condamnation en jouant ce rôle... S'il en est ainsi, il a fait un triste calcul ; on ne vit pas impunément au milieu de fous. S'il n'était pas fou, il l'est devenu et s'il lui reste, ce dont je doute, une lueur de raison, il ne tardera pas à la perdre.

— Cette pensée de vivre, avec sa raison, dans une salle de fous donne le frisson... La folie seule peut garantir du suicide dans un pareil milieu.

Alors me revint à la mémoire un souvenir d'enfance. Souvent un vieillard, jouissant d'ailleurs de toutes ses facultés, au milieu d'une conversation avec ses amis sur la place publique, relevait tout à coup une jambe, agitait les bras comme des ailes et chantait en coq. C'était un ancien marin. Fait prisonnier sous les guerres du premier empire et conduit sur les pontons d'Angleterre, il simula la folie pour obtenir son rapatriement. Pendant plus d'une

 année, avec une ténacité dont rien ne pouvait
le distraire, il se tint perché sur un pied, imi-
tant le chant du coq. En effet, on le renvoya en
France au premier échange de prisonniers;
mais, pendant cette longue comédie, il s'iden-
tifia assez avec son rôle pour ne plus pouvoir
s'en dépouiller entièrement; de là, par moments, d'invincibles besoins de lancer ses *coco-
rico*.

On m'ouvrit la salle au Chinois-statue.

Assis sur le lit de camp commun à tous ces
malheureux, les pieds à terre, les mains sur les
genoux, un squelette en chemise, à la peau ter-
reuse, aux courts cheveux hérissés, l'œil vitreux,
hébété, un rire stupide aux lèvres, avait le visage empreint d'une bestialité si horrible, que
je ne puis chasser cette odieuse vision.

— Voilà, me dit le docteur, ce qu'une passion honteuse a fait d'un homme en peu de
mois.

Plus loin, près du Chinois, un Allemand lo-
quace, coiffé d'un claque de carton, orné d'épaulettes en papier frisé, chamarré de rubans, de
lambeaux d'étoffes voyantes, de décorations de
cuivre et de croix de fer blanc, s'imagine être
Bismark et se prépare à envahir la France...
mais il lui faut des bottes; il me demanda ses
bottes avec exaltation pour monter à cheval et
partir en guerre. Quelquefois on obtient de lui
quelque travail pour un peu de tabac, dont, sans

rien garder pour lui, il fait aux autres fous la distribution avec une majesté impériale.

Le Chinois toujours immobile se soucie aussi peu de moi que de son turbulent voisin Bismark... Que se passe-t-il en ce cerveau?... On croit volontiers qu'il s'imagine être Bouddha et présider aux destinées de l'univers.

Cette paix, entre des fous vivant côte à côte, chacun livré à sa manie et trop absorbé par elle pour s'occuper de ses voisins, n'est pas un des moindres étonnements de ce triste spectacle.

Après les salles, je visite les cellules. Dans la première habite un homme imberbe, quoiqu'il approche de la trentaine, au teint pâle, à tête aplatie, d'une largeur démesurée à la hauteur des oreilles, indice à peu près certain de férocité. Une singulière expression d'astuce et de cruauté plane sur cette face de tigre, de gorille et de renard. C'est un fou très dangereux. Le visage collé aux barreaux, montrant ses dents blanches, il nous suit de ses rusés yeux jaunes, avide de déchirer et de mordre.

Dans la seconde cellule se trouve un maniaque peu redoutable, on l'a isolé pour satisfaire ses goûts de solitude. On remarque tout d'abord sa tenue très soignée, ses mains blanches et délicates, ses cheveux et sa barbe peignés avec une extrême coquetterie. Rien dans son regard calme ne décèle l'égarement de la raison. Seu-

lement il porte autour de la tête, tombant sur
les yeux, un bandeau de toile retenu par une
ficelle. C'est un philosophe mystique, il écrit
considérablement, rien d'ailleurs d'intelligible.
Philosophie et mysticisme ne l'empêchent pas,
paraît-il, de nourrir quelque amour éthéré, car,
lorsque je m'arrêtai devant ses barreaux, il me
dit :

— Elle est chevalière, pure, incomparable...

Puis, il défila d'un ton solennel et monotone
tous les qualificatifs honorables du dictionnaire
de l'Académie, s'arrêtant de temps à autre pour
reprendre : « Elle est chevalière... » puis les
adjectifs d'aller leur train.

Le troisième, Gentiane, jouit d'une grande
faveur auprès des médecins, parce qu'il suffit
de lui toucher le bout de l'oreille avec une
barbe de plume pour le faire tomber en cata-
lepsie. Quelque soit le geste qu'il fasse, la pose
où il se trouve, ce simple attouchement suffit
pour le transformer instantanément en statue
avec cette pose et ce geste. On l'a ainsi photo-
graphié dans les poses les plus étranges. Parfois il demande à travailler au jardin, alors il
déploie une activité surhumaine et déplace en
quelques heures des quantités de terres énormes. Il a la monomanie du vol. Son habileté à
crocheter un coffre-fort peut passer pour mira-
culeuse.

Une nuit, il s'évada de l'île Nou sur un radeau et se rendit à Nouméa en droite ligne à la caisse de la Société de Gomen qui, chose incroyable, ce jour-là n'était pas vide. D'abord il prit l'or et les billets, le tout montant à une somme de 50,000 francs; s'il s'en fut contenté, il réussissait son coup... Mais, emporté par sa manie, il se chargea d'abord de pièces de 5 francs, puis de tout ce qui lui tomba sous la main, finalement de trois paires de bottes.

Ayant tout raflé, ce voleur étrange se mit en marche sous une pyramide d'objets hétéroclites.

Tout à coup la pyramide s'écroule avec fracas.

Le directeur arrive le revolver au poing.

— Ne me tuez pas, dit tranquillement Gentiane, je laisse tout, mais donnez-moi un morceau de pain.

On ne put savoir de Gentiane quels étaient les habiles dont il était, sans aucun doute, l'instrument.

Quand je repassai devant la cellule du philosophe mystique, il reprit :

— Elle est chevalière, angélique, adorable...

L'imberbe aux yeux jaunes nous déchirait en pensée.

L'homme nu, remuant les lèvres, regardait toujours à terre, adossé au mur, l'index au front.

Le Chinois gardait son immobilité de statue.

Je pressai le pas oppressé par la vue de tant de misères.....

Quelle est donc la raison de tout cela, mon Dieu?

L'AMIRAL GUILAIN

Nouméa, 12 octobre 1882.

Aujourd'hui, comme partout, dans la marine de guerre, on vit à la vapeur. La vieille marine à voiles portait à la rêverie, la rêverie conduit aux utopies.

La vieille marine comptait bon nombre de phalanstériens.

Il y a quelques années, j'assistais à l'enterrement d'un officier de marine en retraite, mort phalanstérien convaincu ; ni le grand avortement de 1848, ni les turpitudes de l'empire n'avaient ébranlé sa foi. En suivant le lugubre cortège, je songeai à un incident caractéristique de sa jeunesse. Alors enseigne, il chavira par un coup de mistral sur rade de Toulon. On le sauva aux trois quarts mort ; voici ses premières paroles, quand il ouvrit les yeux :

« Allons! je ne mourrai pas sans voir se réa-
« liser le phalanstère! »

Hélas!... il reposait dans la bière et le phalanstère n'était pas encore une réalité.

Il faut avoir été phalanstérien soi-même, aux
beaux jours de Victor Considérant, pour s'imaginer combien fut ardente et tenace la foi des
disciples de Fourier. Quant à moi, je l'avoue,
cette foi m'a fait vivre en paradis au printemps
de ma vie. C'est si bon de croire fermement à
la fin du mal sur la terre, à la prochaine réali-
sation du bonheur de tous!

La doctrine est si simple, si attrayante :

Dieu est bon, donc toutes ses créations sont
bonnes.

Donc l'homme est bon ; s'il devient mauvais,
c'est qu'une société mal organisée le déprave.

Dieu a donné des passions à l'homme, donc
les passions sont saintes; c'est en comprimant
les passions de l'homme, que vous le révoltez et
le rendez mauvais.

Rendez l'homme heureux, en satisfaisant ses
penchants, il sera bon.

.   .   .   .

.   .   .   .

Tous les vieux colons de la Nouvelle-Calédonie répètent à l'envi : « Nous n'avons eu qu'un
gouverneur, l'amiral Guilain. »

Un gouverneur qui satisfait les Calédoniens
— *rara avis!* — n'est sûrement pas un imbécile.

Je cite cet amour des colons comme une preuve certaine du *sens pratique* de M. Guilain.

La nature l'avait doué, au plus haut point, de ces trois qualités avec lesquelles on vient d'ordinaire à bout de toute entreprise :

Il était intelligent, laborieux, tenace.

Joignez à une volonté de fer une autorité absolue.

Pour fonder la transportation en Calédonie, le gouverneur avait reçu les pouvoirs les plus étendus; l'éloignement de la métropole, le défaut presque complet de communications, à cette époque, les étendaient encore.

M. Guilain, dans sa jeunesse, avait été un fervent fouriériste.

Il lui en était resté cette passion de l'humanité que Fourier et Considérant surent inculquer, jusqu'à l'exaltation, à leurs disciples.

Convaincu de notre bonté native, le gouverneur ne doutait pas pouvoir ramener au bien des hommes égarés par des circonstances indépendantes de leur nature. Étant bons par essence, quand ils auraient tout avantage à redevenir bons, pourquoi resteraient-ils mauvais?

A l'habitude du commandement, du maniement des hommes, l'amiral joignait cette force qui remue les montagnes, cette puissance sans égale, la Foi.

Avec une autorité sans contrôle, des moyens sans limites, le dévouement d'un homme de cœur, la ferveur d'un apôtre, l'éminent gouverneur s'adonna tout entier, corps et âme, à cette grande œuvre, la régénération du condamné.

Le système avait pour conséquence de répudier les rigueurs.

La douceur, la bienveillance devenaient les vrais moyens d'action.

M. Guilain, dont l'énergie était bien connue et la faiblesse le moindre défaut, ne recula devant aucune tentative de régénération par le relèvement de la dignité humaine.

On cite à ce sujet une anecdote plaisante.

Un officier, à qui l'amiral tendait la main, lui répondit en riant :

— Pourquoi me tendez-vous la main, amiral, je ne suis pas un forçat?

Après une lutte héroïque, M. Guilain partit découragé, désillusionné et même, dit-on, convaincu que la guillotine et les coups de corde étaient indispensables pour diriger le bagne.

D'autres réussiront-ils, là où le noble amiral a échoué?

FORT ET BASSIN

Nouméa, 13 octobre 1882.

Les bateaux à vapeur, nouvel instrument de guerre, ont aussi des besoins nouveaux.

Il faut maintenant aux navires :

1° Du charbon ;

2° Un bassin.

Nous devons y songer, si nous voulons jouir d'une puissance effective dans le vaste océan compris entre l'Amérique et l'Australie.

Le bassin est indispensable au point de vue militaire.

Sous ce rapport, il n'y a pas à marchander.

Il sera d'ailleurs certainement utile au commerce et pourrait même devenir une fructueuse spéculation.

En temps ordinaire, les navires de commerce français se trouvent en petit nombre dans ces parages ; mais les étrangers naviguant dans l'archipel polynésien auront mainte occasion de réparer leurs avaries à Nouméa, quand ils sauront y trouver un bassin de radoub et des ateliers.

En tout cas, par temps de guerre, nous ne pouvons envoyer nos navires de guerre se réparer à Sydney; rémunérateur ou non, le bassin de Nouméa est commandé par la nécessité.

Il faut savoir ce que l'on veut.

Et, quand on veut une chose, il faut avoir le courage d'en vouloir les moyens.

D'après beaucoup de bons esprits, nous avons assez à faire à sauvegarder notre territoire, à maintenir notre indépendance nationale, à surveiller nos intérêts méditerranéens.

Suivant eux, nous nous affaiblissons en nous étendant.

En nous créant des intérêts factices dans les mers lointaines, nous nous offrons le luxe du superflu, quand nous manquons du nécessaire.

Il faut nous pénétrer de ces vérités :

1° Les colonies, la prépotence extérieure coûtent énormément.

2° Elles nous sont inutiles, parce que nous n'avons pas d'excès de population.

3° Nous faisons les frais de conquêtes et d'occupations dont les Anglais et les Allemands seuls profitent.

4° On peut aisément vérifier qu'en Cochinchine, en Calédonie, à Taïti… tout le commerce est entre les mains de maisons allemandes ou anglaises, où se vendent exclusivement des produits anglais et allemands.

Voilà le fait, le fait brutal.

Mais si, par vanité, par orgueil, peut-être par un besoin généreux d'expansion de nos idées et de nos principes, nous cherchons la domination lointaine, *il ne faut pas reculer devant les frais qu'elle nécessite.*

Pour une nation, comme pour les gens, il y a luxe et luxe… peut-être vaut-il mieux dépenser 60 millions pour créer une colonie que pour bâtir l'Opéra?… Peut-être vaut-il mieux ne faire ni l'un ni l'autre et laisser les citoyens s'associer librement pour satisfaire leurs goûts ou leurs besoins à leur guise?

Mais en voulant la prépotence lointaine et en reculant devant les dépenses nécessaires, nous n'arrivons qu'à un résultat : nous affaiblir en France et présenter à l'ennemi des points faibles au dehors. Nos possessions lointaines, qui devraient être un refuge pour nos navires, au lieu de les protéger, réclameront leur assistance et les immobiliseront. Partout elles courent la chance d'être bombardées par les plus méchants avisos. En cas de guerre, hors d'état de se défendre par elles-mêmes, elles ne seront partout que des sujets de déshonneur.

Charbon et bassin ne doivent pas être à la

merci du premier navire venu, ils doivent se trouver sous la protection d'une forteresse.

Le navire de guerre à voiles, bondé de vivres et d'agrès pour des années, n'ayant d'autre préoccupation que celle de l'eau, chose généralement facile à se procurer, était un être complet, vivant par lui-même; de là la possibilité des longues croisières. Aujourd'hui tout navire de guerre suppose :

1° Un parc à charbon.

2° Un bassin.

3° Une forteresse.

L'île Nou peut et doit être, dans la grande mer de corail, ce que sont, pour les Anglais, Gibraltar et Malte dans la Méditerranée.

D'autre part, l'administration pénitentiaire, sous peine de ruiner l'industrie privée, devant réserver ses bras pour les travaux publics, trouve, dans la construction d'un fort et d'un bassin, un emploi convenable des forces de la transportation.

La première préoccupation du gouvernement en Calédonie doit être de creuser un bassin à Nouméa et de transformer l'île Nou en une imprenable forteresse.

Qui tient l'île Nou, tient Nouméa; qui tient Nouméa tient la Nouvelle-Calédonie.

Or la nature semble avoir précisément créé l'île Nou pour en faire un camp retranché à l'abri de toute insulte.

L'Angleterre nous respectera si elle nous craint; compter sur sa sympathie, tant que nous serons faibles, serait une illusion enfantine. Quand nous serons forts, elle nous prodiguera sa tendresse. Or, de belles batteries protégeant quelques avisos sur le flanc de l'Australie, serait une aire d'où l'aigle pourrait à tous moments fondre sur sa proie. Rien n'empêcherait ces avisos de jouer un rôle analogue à celui des galères barbaresques au moyen âge — c'étaient les avisos de ce temps-là. Alger couvrait de terreur tout le littoral nord de la Méditerranée. Les pirates sortaient au moment propice, se chargeaient de butin et se réfugiaient dans leur abri.

Tenir l'Australie sous la menace de la Calédonie, se préparer, le cas échéant, à s'entendre avec les *home rulers* et à descendre en Irlande le drapeau de l'indépendance, doit être un souci constant pour tout homme de mer.

LA PEINE DE MORT

Nouméa, 14 octobre 1882.

Ma visite à l'île Nou avait très naturellement dirigé le cours de mes réflexions vers la peine de mort.

Quand une question me préoccupe, je consulte volontiers les discussions de la Constituante, convaincu d'y trouver tantôt des lumières, tantôt la preuve de curieuses transformations dans la pensée générale.

La question de la peine de mort fut traitée avec éclat dans la grande assemblée, deux orateurs prirent la parole en faveur de l'abolition de la peine de mort :

ROBESPIERRE, DUPORT

On chercherait en vain un argument dans le discours ampoulé de Robespierre. Tout l'intérêt de ce solennel fatras réside dans la contra-

diction stupéfiante entre le philanthrope de la
Constituante et le sanguinaire auteur des lois
de prairial. Quelle métamorphose!... et cependant rien ne nous autorise à douter de la sincérité de chacun de ces deux êtres si opposés,
vivant dans le même homme.

Quel étrange tribun!... vertueux mais inepte,
on lui cherche vainement une valeur quelconque. Par son ignorance crasse comme éco-
nomiste, administrateur ou financier, il est le
digne patron du politicien moderne, dont la langue est généralement si développée au détriment du cerveau.

Combien le vaniteux rhéteur dut souffrir d'entendre succéder à ses phrases creuses le simple
et substantiel discours de Duport... un vrai
grand honnête homme. Aussi mourut-il obscur
dans le canton d'Appenzel. Il s'éteignit dans
l'ombre, après avoir été une des lumières et des
énergies de la Constituante, après avoir fait
adopter le jugement par jurés et présenté son
admirable travail sur l'organisation judiciaire.

Sans doute, quand le futur maître de la Convention vit l'assemblée, impatientée de ce que
Danton appellera plus tard *les âneries de Robespierre*, prêter une oreille attentive à son concurrent, il ne put lui pardonner de l'avoir si
complètement éclipsé.

Il le lui fit bien voir

Poursuivi comme feuillant, Duport, pour sauver sa tête, dut se réfugier dans les solitudes montagneuses de la Suisse.

Robespierre débute par ce pompeux exorde :

« La nouvelle ayant été portée à Athènes que
« des citoyens avaient été condamnés à mort
« dans la ville d'Argos, on courut aux temples,
« et on conjura les dieux de détourner des Athé-
« niens des pensées si cruelles et si funestes.
« Je viens prier, non les dieux, mais les légis-
« lateurs, qui doivent être les organes et les
« interprètes des lois éternelles que la Divinité
« a dictées aux hommes, d'effacer du code des
« Français les lois de sang qui commandent des
« meurtres juridiques, et que repousse leurs
« mœurs et leur constitution nouvelle. »

Après les Grecs, les inévitables Romains...
L'impossibilité de réparer une erreur est la seule raison sérieuse invoquée par l'auteur :

« Qu'importent les réparations illusoires que
« vous accordez à une ombre vaine, à une
« cendre insensible ! »

La plupart des arguments développés par le bilieux avocat d'Arras sont dans le goût de celui-ci :

« La plus terrible de toutes les peines pour

« l'homme c'est l'opprobre, c'est l'éclatant témoi-
« gnage de l'exécration publique. »

Les gens de l'île Nou sont généralement
moins sensibles à l'opprobre qu'au martinet.

« Un vainqueur qui fait mourir ses ennemis
« captifs est appelé barbare ! Un homme qui
« égorge un enfant qu'il peut désarmer et punir
« paraît un monstre ! Un accusé que la société
« condamne n'est tout au plus pour elle qu'un
« ennemi vaincu et impuissant ; il est devant
« elle plus faible qu'un enfant devant un homme
« fait. »

Après cette orgie de déclamations et de points
d'interjection, on se sent heureux de lire le discours de Duport si plein de ce qui manque absolument au pathos de Robespierre, *des idées*.

Duport refuse tout d'abord de poser le pied
sur le terrain métaphysique et de trancher la
question : la société peut-elle jouir d'un droit
qui n'appartient à aucun de ses membres, le
droit de tuer ?

« J'accorde, dit-il, qu'il faut établir la peine
« de mort, si elle est indispensable à la conser-
« vation de la société. »

L'honorable constituant se propose donc de
démontrer que la peine de mort n'est point propre à réprimer les crimes. Si elle n'est point
une répression, il faut la supprimer.

Quand la mort est vraiment utile, il faut l'appliquer. Duport donc, qui se refuse à faire tomber la tête d'un Troppmann, admet que :

« Lorsqu'un chef de parti est arrêté, et que
« son existence, en prolongeant la guerre et
« l'espoir de ses adhérents, peut compromettre
« la société entière, la mort est indispensable et
« dès lors légitime. »

Nous avons aujourd'hui, sur cette matière, une opinion diamétralement opposée, et nous avons, je crois, raison.

L'essence même du despotisme — la doctrine monarchique, autoritaire et jacobine de la légitimité de toute mesure atroce pour le salut de l'État — infectait alors, à leur insu, même les grandes âmes et les hautes intelligences. Duport lui-même ne s'était pas entièrement dépouillé du légiste byzantin, conseiller de la vieille monarchie ; il n'avait pas été élevé pour rien dans cette France marquée du sceau, semble-t-il indélébile, de Philippe le Bel.

Robespierre ne parle pas de cette restriction, il demande purement et simplement l'abrogation de la peine de mort. Rien dans son discours ne suppose une exception quelconque en faveur des crimes d'État ; au contraire, tous ses exemples d'abus du supplice sont choisis dans l'ordre politique. Si l'on tirait des divers développements de sa thèse une conclusion logique, ce scrait l'abolition de la peine de mort en matière politique ; les proscriptions de Sylla et d'Octave, les crimes de lèse-majesté sous Tibère, Caligula... ne touchent en rien aux crimes de droit commun. Ce qui est crime, dit-il, aux yeux du pouvoir établi peut être considéré par la postérité comme une revendication légitime en faveur de la justice et de la liberté... cette vérité incontestable, quand il s'agit d'évènements politiques, ne s'applique en rien aux crimes de droit commun.

Arrivé au pouvoir, Robespierre fera, par ses lois de prairial, peut-être la plus terrible application connue de la dangereuse doctrine du salut public ; il pensera que les crimes contre les personnes ne sont rien auprès des crimes contre l'État (c'est-à-dire l'opposition à ses utopies), ceux-ci méritent la mort.

La mort, dit Duport, n'est pas une peine, c'est une obligation imposée à chacun de nous, le jour même de sa naissance. Comment ose-t-on apprendre aux hommes qu'il n'y a aucune différence matérielle entre une maladie et un crime ?

N'est-ce pas une immoralité d'offrir également la mort au crime et à la vertu ?... au soldat et à l'assassin ?

Lequel des deux a le plus de chances de mort, du soldat commandé pour le premier assaut, ou du misérable qui calcule à loisir les moyens de commettre un attentat dans l'ombre et d'en effacer toute trace ?... Quand ils partent l'un pour le devoir, l'autre pour le crime, lequel est le plus condamné à mort ?... Donc la mort n'est pas une peine.

Il y a, en effet, selon moi, immoralité flagrante à regarder la mort comme un mal... Il y a une contradiction formelle entre la doctrine judiciaire où la mort est considérée comme une effroyable peine, et la doctrine religieuse si élevée de la mort libératrice.

Il me semble bien difficile de ne pas se sentir ébranlé par cet argument de Duport... Je me contenterai de lui répondre, sans être absolument satisfait de ma réponse : quand je rencontre un loup, je le tue, non pas pour le punir, mais pour m'en débarrasser. La société a peut-être tort de considérer la mort comme une peine, mais elle a le droit de se défaire de ses loups en les tuant.

« Un assassin est véritablement un être malade... »

Ici nous sommes en présence de l'insondable problème du libre arbitre.

Sommes-nous responsables de nos actes ?

Nous sommes tous plus ou moins fous, plus ou moins malades... où finit la liberté ?... où commence l'irresponsabilité ?

Nous n'en savons rien, nous n'en saurons jamais rien.

Cependant la responsabilité c'est tout l'homme ;

la responsabilité, c'est le dogme sacré par excellence ; la foi dans la responsabilité est le fondement même de la dignité humaine.

Qui de nous, même au pied de l'échafaud, pour sauver sa vie, consentirait à se voir dépouiller de cette couronne ?

La responsabilité est peut-être une illusion, mais cette illusion est la trame de notre vie.

Dans le cours des choses humaines, dans la direction et les phases de chaque vie individuelle, la part de chaque Moi est peut-être infiniment plus petite que chaque Moi ne le pense... mais comment le sentiment de la responsabilité existerait-il en nous, si nous n'avions pas en nous au moins un germe de cette responsabilité, si faible qu'il puisse être ?

Tiraillée par ces trois puissances : la Nature, la Société, Dieu, l'autonomie de notre personnalité ne se comprend guère... la Liberté ne peut être qu'une Foi.

Aux lieu et place de l'échafaud, Duport propose déjà le régime cellulaire :

« Un assassin est véritablement un être ma-
« lade dont l'organisation viciée a corrompu
« toutes les affections....... la solitude et sa
« conscience, voilà son véritable supplice : cela
« ne vous indique-t-il pas quel genre de puni-
« tion vous devez lui infliger, quel est celui
« auquel il sera sensible ? »

« Vous oubliez, dit très justement Duport,
« qu'il n'y a que la mort *actuelle* qui puisse être
« vraiment répressive. »

Arrêtons-nous un instant sur cet argument
très sérieux sans aucun doute.

Nous savons tous que nous devons mourir,
et cependant la mort est la moindre de nos
préoccupations... Pourquoi?... Parce que nous
ignorons le moment où elle viendra frapper à
notre porte. Nous sommes tous soumis à toute
heure à une chance de mort, le meurtrier court
une chance de plus, voilà tout; mais, quand il
tue, il compte bien ne pas être découvert et
éviter cette mauvaise chance.

La mort présente, inévitable a, sans aucun
doute, sur nous, une influence immense; mais
lorsqu'elle est enveloppée de nuages, lorsque
nous ne savons ni le jour ni l'heure, elle ne
nous influence en rien. On songe toujours au
condamné écoutant sonner les heures, attendant
les lugubres tintements de la dernière... celui-
ci c'est le condamné, le prisonnier; le coupable
était libre et n'avait pas sous les yeux l'image
du supplice. Le métier d'assassin est un métier
dangereux, mais manque-t-il jamais de gens
pour exercer les métiers dangereux?... C'est
affaire de prime et de salaire. Un assassin court
la chance d'être découvert, comme un matelot
court la chance de tomber à la mer en allant

serrer une voile, comme un dompteur de lions court la chance d'être dévoré par ses élèves. Le matelot compte sur son adresse, le dompteur sur son énergie, le scélérat sur son habileté. Si l'exécuteur se trouvait là avec sa guillotine disant à l'assassin : « Quand tu auras fini ta besogne, je commencerai la mienne », certes il ne tuerait pas. Mais les choses se passent-elles ainsi ?... On tue *parce qu'on croit échapper à la peine* et, par suite, on ne se préoccupe pas du *genre de peine.*

La mort retient-elle ceux qui se livrent à des excès qui l'amèneront infailliblement ?... Non ; ils savent bien qu'en s'adonnant à leur passion, ils hâtent le moment suprême, mais comme ils ne connaissent ni le jour ni l'heure, ils n'en prennent pas grand souci. Comme le dit Duport, la mort *en perspective* n'a aucune action sur nous.

L'expérience prouve que la mort *en perspective* n'a jamais été un frein ; et cela est tout simple puisqu'il est dans notre destinée à tous, quoique nous fassions, que nous le voulions ou non, d'avoir toujours la mort en perspective.

Si la peine de mort n'est pas répressive, elle n'est pas nécessaire ; si elle n'est pas nécessaire, elle doit être abolie comme contraire au très beau principe énoncé dans l'article 8 de la Déclaration des Droits :

« La loi ne peut établir que des peines strictement
et évidemment nécessaires. »

J'aime cette belle et juste pensée :

« Qui maintient notre existence au milieu de
« tant de haines, de vengeances, de passions
« sans cesse exaltées ? Pensez-vous que ce soient
« vos prohibitions légales ou la crainte de vos
« peines ? Non, mais cette prohibition plus forte
« que la nature a gravée dans le cœur des
« hommes, mais cette voix qui crie à tous les
« êtres de ne pas attaquer un être sans défense,
« de ne pas attaquer quiconque ne les attaque
« pas : c'est sous cette garantie profonde, c'est
« à l'abri de ces sentiments que les individus
« vivent tranquilles, et que la société ne pré-
« sente pas un spectacle continuel de violences
« et de carnage. *On fait en général trop d'hon-*
« *neur aux lois en leur attribuant l'ordre et*
« *l'harmonie qui règnent dans un état civilisé;*
« le gouvernement y peut beaucoup, mais c'est
« moins par les règles qu'il prescrit aux indi-
« vidus que par le caractère et les sentiments
« qu'il leur inspire ; le reste appartient à la
« nature, qui, ayant voulu notre conservation,
« nous a doués des affections nécessaires à ce
« but, je veux dire LA COMPASSION et
« L'HUMANITÉ : voilà ce que fait la na-
« ture. »

15.

Lorsque je rentre chez moi, à deux heures du matin, dans ma ville de province, marchant à tâtons dans ses quartiers déserts et sombres — ou lorsqu'à la campagne je parcours des lieues carrées entières surveillées par un garde champêtre — j'ai fait cette réflexion maintes fois... et je me suis dit qu'en somme la protection gouvernementale est bien peu de chose, et que nous vivons tous réellement sous la sauvegarde de l'honnêteté publique.

Un procureur de la République me disait :

« On exagère beaucoup le rôle de la justice « en matière criminelle ; si l'on supprimait les « tribunaux et les gendarmes, la société serait « beaucoup moins en péril qu'on ne croit. »

Girardin, dans son *Droit de Punir,* se demande même si toute la mécanique de la soi-disant justice ne fait pas plus de mal que de bien ?

Pourquoi sommes-nous volés ?... Précisément parce que nous comptons sur la protection sociale. Si elle n'existait pas, nous ne compterions que sur nous-mêmes, et cela vaudrait mieux. Nous aurions de meilleures serrures, nous serions plus prévoyants, plus soigneux. Si nous dormions avec un bon revolver sous l'oreiller et un bon système de sonnettes électriques, quel voleur oserait mettre les pieds chez nous devant la certitude de provoquer un véritable carillon ?

Il y a du vrai dans ces paradoxes de Girardin.

La protection sociale étouffe la personnalité.

La personnalité se développe d'autant plus que la protection sociale est plus faible.

La protection sociale affaiblit les liens de famille ; chacun sent la nécessité de s'abriter sous la solidarité familiale, là où il se sait en danger dans le milieu qui l'entoure.

En somme, la protection sociale est une conséquence du développement social ; donc ce développement s'est opéré sans elle, donc la protection sociale n'est pas essentielle à la vie des sociétés.

. . . .

L'argument le plus sérieux, à mon avis, contre la peine de mort est celui-ci :

CE N'EST PAS L'INTENSITÉ DE LA PEINE, MAIS LA CERTITUDE DE LA RÉPRESSION, QUI RETIENT LE CRIMINEL.

Avec des peines cruelles et une police mal faite — beaucoup de crimes.

Avec une police bien faite et des peines douces — peu de crimes.

L'expérience ne permet pas l'ombre d'un doute à ce sujet.

Voici un homme porté au crime par ses instincts, un beau coup le tente... S'il est découvert, il sera roué, tenaillé, torturé; mais il n'a qu'une chance d'être pris sur dix mille... hésitera-t-il?... évidemment non. Admettez, au contraire, qu'il doive en être quitte pour un peu de prison, mais qu'il sache avoir contre lui dix mille chances pour une?

Dans les calculs du malfaiteur, il entre trois facteurs :

1° La prime à gagner;

2° Les chances d'être pris;

3° La peine encourue.

Sans doute le troisième facteur n'est pas sans importance aux yeux du scélérat, mais sans aucun doute aussi les deux premiers sont dominateurs.

Une police bien faite, une transportation immédiate — non dans un éden comme la Calédonie — sont encore les meilleures mesures de préservation sociale.

Je partage l'opinion de Beccaria :

« La société ne se venge pas. »

Quant à la prétention de venger Dieu, c'est trop d'outrecuidance.

J'admettrai même, si l'on veut, que la société n'a pas le droit de *punir;* le droit de punir étant divin, supposant l'infaillibilité.

Mais nous avons tous le droit de légitime défense, d'où naît la légitimité du droit de préservation sociale... Toute mesure de préservation sociale *nécessaire*, même la mort, est légitime. J'admets avec Duport qu'ici l'utilité fait la légitimité.

Dans les questions de pénalité, au lieu de nous agiter dans le vide de la métaphysique, nous devons nous borner à l'humble rôle *d'utilitaires*, et conclure à la fois : toute peine nécessaire est légitime, toute peine inutile doit être repoussée.

Dans le temps, le compte rendu du jugement de M. de K... m'impressionna vivement.

Poussé par la jalousie — il s'agissait de sa maîtresse — M. de K... ayant longuement prémédité l'assassinat de son frère, le tua sous les yeux mêmes de sa mère; après l'avoir étendu raide mort d'un coup de revolver, il s'acharna sur le cadavre, dans lequel il tira les cinq autres balles.

Le jury reconnut des circonstances atténuantes.

Le journal donnait cette appréciation :

Évidemment chaque membre du jury a voté avec cette arrière-pensée : je n'ai aucune chance d'être tué par mon frère.

Lorsque Dracon refusait d'inscrire, dans ses lois, une peine contre le parricide, évidemment le législateur obéissait à un sentiment analogue à celui du jury dans l'affaire de K...

Si on supprimait toute peine contre le parricide, y aurait-il un parricide de plus?

Quand un fils a l'âme assez atroce pour méditer la mort de son père ou de sa mère, soyez certain qu'il commettra le crime et ne sera pas retenu par la peine... Ce monstre ne sera pas retenu par la peine, parce qu'un jour ou l'autre, il arrivera fatalement à cette conviction, qu'il a tout calculé pour n'être pas découvert. Puisqu'il ne sera pas découvert (telle est bien sa croyance), que lui importe la peine?

Il est toujours dangereux d'être absolu en pareille matière, mais, en thèse générale, le vol me semble à peu près le seul crime réprimé par l'appareil de la justice exécutive.

Contenir nos passions n'est pas le plus souvent au pouvoir des lois (ce qui d'ailleurs n'est nullement une raison de supprimer les prisons et le bagne... j'enferme ce coupable de viol pour qu'il ne fasse pas de nouvelles victimes, j'exécute ce parricide comme je fais tirer sur un tigre échappé de sa cage).

Je reprends l'exemple de M. de K...

Quand la passion arrive à ce paroxysme de pousser un fils à tuer, sous les yeux de sa propre mère, son propre frère, quand l'horreur de l'acte lui-même ne le retient plus, rien ne le retiendra... la guillotine ne l'arrêtera pas plus que le bagne, le bagne pas plus que la prison, la prison pas plus que le simple déshonneur.

De là l'indulgence très rationnelle du jury.

Si l'assassin avait été un voleur, chaque mem-

bre du jury aurait voté sous cette impression :
tout aussi bien que la victime, je pouvais rencontrer ce bandit au coin du bois.

L'homme vraiment retenu par la crainte, c'est
le voleur, et rien autre chose ne l'arrête.

Quelque atroce que soit le crime, quand il est
désintéressé, je comprends l'hésitation devant
l'application du supplice. Aucun jury ne con-
damnerait aujourd'hui Papavoine, on l'enferme-
rait dans une maison de fous[1]; on aurait certainement raison... le malheur, ajouterai-je,
est-il bien grand d'avoir délivré la société d'un
fou de l'espèce de Papavoine?... Mais quand un
homme tue pour voler, hériter, acquérir... que
la société s'en débarrasse sans phrase et le sup-
prime comme un danger.

Si la société doit se montrer hésitante jusqu'à
la timidité devant l'emploi de l'échafaud contre
un de ses membres, en est-il de même, quand
il s'agit d'un monde aussi complètement à part
que le monde du bagne?

La loi du bagne doit-elle être la loi de la
société?

Soumettra-t-on au même régime les brebis
parquées et les loups?

Le monde du bagne réclame le régime de la

---

1. Papavoine tua à coups de couteau deux petits enfants sous les yeux de leur mère, il les voyait pour la première fois et n'avait jamais connu leurs parents; le crime fut commis en plein jour dans le jardin des Tuileries.

terreur. Vous devez à tout prix faire respecter les gens auxquels vous confiez la garde des transportés..... il serait puéril de chercher un autre moyen que la peur.

Et non seulement l'administration, les surveillants, mais la Calédonie tout entière est intéressée à la question du régime pénitentiaire.

La vie des colons deviendra intolérable, si la terreur ne plane pas sur les transportés, non libérés ou libérés.

On n'a pas à redouter les abus de la peine de mort avec l'institution du jury, il penchera toujours vers l'indulgence.

Le gouverneur des colonies pénitentiaires devrait encore, comme naguère, pouvoir faire exécuter les sentences capitales, après consultation du conseil privé; de ce côté encore aucun abus n'est à redouter.

La société serait-elle mise en péril par l'abolition de la peine de mort?... non certes. Elle vit, et pas d'autre chose, de l'honnêteté générale. Notre société vit par l'honneur et non par la crainte... et quand la société ne protège pas suffisamment l'individu, l'individu prend bien vite le parti de se protéger lui-même.

Les mesures de préservation sociale n'en sont pas moins fort importantes.

Parmi ces mesures, la première et la plus efficace est la transportation impitoyable, *quel que soit le sexe,* de toute personne qui s'est mise en dehors de la société en l'attaquant dans sa base fondamentale, le respect de la propriété et de la vie d'autrui, et qui, en restant en France, devient fatalement un germe corrupteur.

Tous ces coupables doivent être transportés sans pitié, moins encore pour le mal qu'ils pourraient faire, que comme agents de dépravation pour les générations nouvelles.

La transportation, dit M. de Girardin, n'est pas une solution ; car il arrive toujours un moment où l'on ne peut plus transporter.

C'est vrai.

Nous voyons l'Australie dire à sa métropole : gardez vos serpents à sonnettes.

Mais si nous ne nous laissons pas emporter par une sensibilité outrée, dont nous faisons litière, quand il s'agit, pour notre orgueil ou pour des intérêts illusoires, d'envoyer au Sénégal ou en Cochinchine les fils de nos paysans... nous trouverons aisément en Guyane ou en Afrique quelque lieu pour y transporter nos criminels.

Les territoires indéfinis de la Guyane suffiront pour des siècles.

Ne peut-on créer dans l'Afrique centrale une colonisation pénitentiaire ?

Ne pouvons-nous pas employer nos condamnés aux travaux forcés à quelque grande œuvre africaine ?

La colonisation pénitentiaire deviendrait le

pionnier de la civilisation, et, dans une certaine mesure, le mal deviendrait utile.

Quoi qu'il en soit, les mœurs de la France étant données, c'est-à-dire étant donné un pays dont la population croît moins vite que les moyens de subsistances, il n'y a qu'un seul système rationnel de colonies, c'est la colonie pénitentiaire.

En 1883, l'état du Maine rétablit la peine de mort abolie en 1876.

LADY FLAMING

Par 50° de latitude australe, 29 octobre 1882.

Il pleut, les voiles battent au mât, un souffle
de vent debout se fait seul sentir par intervalles ;
le temps est humide et froid, au printemps, par
cinquante degrés de latitude australe.

Pris de spleen, je fouille mes vieux papiers
pour me distraire de ma mélancolie, je tombe
sur cette date : 29 octobre 1850.

Il y a trente-deux ans de cela, hélas !...

Pourquoi *hélas ?*... c'est pure lâcheté ce regret
de la jeunesse... Qu'est-ce que la vie, sinon
une corvée, un devoir à remplir ?... Ne devons-
nous pas virilement nous réjouir d'arriver au
terme ?

En trente-deux ans, qu'il se passe de choses
dans la vie d'un homme !... et même dans la
vie d'un peuple, par le temps qui court.

J'avais alors vingt ans, je touchais par mois
80 fr. 80 et j'étais à Naples.

« Je viens de jeter au diable tous mes livres...
« ils m'ennuient à mourir ; mieux vaut un insi-
« pide roman que toutes ces sérieuses baliver-
« nes, philosophie, politique, économie poli-
« tique... qui m'ont déjà tant brouillé la
« cervelle. Ma pauvre tête est une miniature
« du chaos... et puis l'étude, le travail, cela
« vaut-il un regard de femme ? »

80 fr. 80 par mois et des illusions... de ma
vie je n'ai été aussi riche.

Et je racontais à mon ami Ernest comment
j'avais été amoureux de lady Flaming.

« Quoique l'or soit pour moi une chimère,
« car on nous paie notre chétive solde en argent,
« je suis riche. L'économie politique a rai-
« son, l'or n'est pas la richesse. Les protec-
« tionnistes sont des eunuques, et leur balance
« du commerce est une balançoire... La ri-
« chesse, c'est le plaisir et l'amour... Quand on
« a pour quelques sous l'un et l'autre, on est
« riche.
« Un sage, cet ivrogne qui disait étendu dans
« son ruisseau :
« Pourrais-tu être plus soûl, quand tu serais
« millionnaire ?

« Voici les dépenses d'une soirée :

Une voiture.	25	sous
Bouquet, 1 carlin.	9	—
Gants, 2 carlins.	18	—
Stalle d'orchestre au Fondo, 4 carl.	36	—
Sorbet, 1 carlin.	9	—
Huîtres, vin de Capri, 3 carlins. .	27	—
Allumettes, 4 carlins.	36	—
Soit : 8 francs.	160	sous

« Ne vas pas, sur cette consommation désor-
« donnée d'allumettes, me prendre pour un in-
« cendiaire. J'emprunte cette expression à un
« mien camarade, un homme d'ordre, qui tient
« le registre des dépenses de ses 80 fr. 80,
« comme s'il s'agissait de la comptabilité des
« Rothschild. Il inscrit sous le titre *allumettes*
« les fonds secrets... les allumettes figurent fré-
« quemment sur le registre...

« De là, nous avons adopté, à bord, l'expres-
« sion *brûler une allumette.*

« J'en brûlerais des boîtes...

« Oui, pour 8 francs, on promène en ca-
« lèche sur la route de Sorrente, au coucher du
« soleil, entouré de vignes amoureuses, enla-
« cées autour des arbres verts, avec le ciel de
« l'Italie sur la tête, le golfe de Naples et le
« Vésuve sous les yeux, le rire aux lèvres et la

« gaieté au cœur... sans compter le théâtre et
« toute espèce de voluptés.

« On entend d'aussi bonne musique dans
« son fauteuil de 36 sous, qu'en entendront
« jamais les hauts barons de la finance dans
« leurs loges d'avant-scène.

« On écoute les roucoulements de ravissantes
« prima donna.

« Dans les loges dorées du Fondo, la haute
« aristocratie de l'Europe étale ses fleurs les
« plus rares... Oh les belles Russes que j'ai
« vues !... Quels cheveux d'or et quelles peaux
« de satin !...

« (Ce mot *satin* me rappelle l'orthographe
« d'un brave colonel de l'ancien temps qui, de-
« mandant une robe pour sa femme, écrivait
« *satin* par un *c* et oubliait la cédille.)

« Pour 36 sous on est aimé !...

Qu'importe le flacon, pourvu qu'on y trouve
l'ivresse !...

La médaille avait bien son revers ; c'est le
cas de toutes les médailles...

C'est si cher l'amour des grandes dames !...
Parlez-moi d'une lady, d'une duchesse pari-
sienne ou d'une princesse polonaise pour les
ruineuses fantaisies... les actrices n'y entendent
rien.

Plus une femme est riche, plus son amour est
cher.

« Au sortir de table...

Une table d'aspirants, au haricot sonore pour menu fondamental... mais à cette époque j'aurais digéré des pierres ; en silence, et sans m'en douter, je digérais les pétulants légumes de l'État.

« Au sortir de table, nous descendons à
« terre.
« Comme nous devons garder le bord deux
« jours sur trois, cela, par le fait, triple notre
« solde...
« D'abord nous prenons une calèche pour nos
« 100 sous — dépense à partager en quatre.
« Notre carrosse nous conduit au Fondo, où nous
« prenons nos billets, et de là à la Chiaja, le
« Longchamp napolitain.
« La quintessence de l'aristocratie euro-
« péenne défile sous nos yeux, brillamment
« parée.
« Là je rencontre en galant équipage ces
« Russes dont j'admirerai, dans quelques ins-
« tants, les épaules de neige dans la bonbon-
« nière du Fondo. Oh ! les succulentes créa-
« tures !... Ont-elles l'air sensuel, ces roses et
« blanches fées du Nord, aux yeux bleus, ron-
« des et potelées !... Faut-il qu'elles aient le
« sang chaud pour vivre dans ces climats gla-
« cés sans devenir des marmottes. Habituées
« en leur pays à fabriquer beaucoup de chaleur

« pour leur entretien personnel, elles rayonnent
« ailleurs en tous sens un calorique du diable.
« Quand il gèle, il doit faire bon se chauffer à
« ce feu-là.

« Une Russe vaut un poêle et une paire de
« bottes fourrées.

« La Russe est une confortable femme d'hi-
« ver.

« Peut-être l'Anglaise ferait-elle une agréable
« femme d'été?

« Les Anglaises, avec leurs froides et idéales
« figures de Keepsake, sont de précieuses pein-
« tures dont le regard ne se lasse jamais; les
« yeux sont charmés, mais l'impression ne dé-
« passe pas la rétine. Une Anglaise doit être
« un rafraîchissement délicat pendant la ca-
« nicule.

« Au printemps, quand la sève monte aux
« arbres, quand les bourgeons verts font cra-
« quer leur prison brune, quand l'amour chante
« dans les bois, prenez une Espagnole... Elle
« est la passion même avec ses ivresses et son
« dévouement sans limites, ses fureurs et ses
« adorables prévenances, ses tendresses et ses
« jalousies de fauve... Mais l'Espagnole est un
« danger; quand elle vous enlace, c'est avec
« des étreintes de pieuvre.

« Nous parcourrons les sentiers encombrés
« des feuilles richement colorées de l'automne
« au bras de l'Allemande mélancolique.

« Quant à la Française, c'est une femme à
« tout usage et bonne en toute saison.

« La vérité serait, je crois, de changer de
« femme à chaque saison, puisqu'on change de
« paletot et que tout change dans la nature.
« C'est probablement cette raison qui détermina
« Mahomet à fixer à quatre le nombre des fem-
« mes légitimes... sans compter, bien entendu,
« les concubines.

« Mais je n'avais d'yeux que pour une seule
« femme.

« C'était le dédain en personne. Un feu
« étrange brûlait dans ses prunelles de jais ;
« elle était jeune, mais fanée. Sans doute des
« passions violentes avaient dévoré sa jeunesse;
« elle semblait brisée par la fatigue, consumée
« par les excès. Brune aux abondants cheveux
« noirs, elle se détachait magnifiquement sur
« le fond de sa calèche capitonnée de soie jaune
« d'or. D'ordinaire, elle jouait avec les longues
« oreilles soyeuses d'un petit king-charles ou
« l'agaçait sur ses genoux. Sa physionomie,
« hautaine jusqu'à l'insolence, exprimait une
« cruauté froide. Quand mon regard rencontrait
« le sien, je me sentais écrasé par tant d'or-
« gueil.

« — Quelle est donc cette dame? demandai-je
« à un de mes compagnons de voiture et de
« promenade, qui se trouvait à Naples avec
« l'escadre depuis quelque temps déjà.

« — Vrai, tu ne la connais pas ?

« — Puisque je te demande son nom.

« — Et tu es ici depuis huit jours !

« — Et depuis huit jours je la contemple.

« — Tu n'as pas entendu parler de lady Fla-
« ming ?

« — Jamais.

« — Que fais-tu donc ici?... que tu n'aies pas
« encore visité le tombeau de Virgile...

« — Dieu m'en garde !... Il a fait des vers
« latins, je ne le lui pardonnerai jamais... O Vir-
« gile! délices des pédants, puisses-tu être con-
« damné à lire en enfer tous les pensums de
« collégiens torturés en ton nom!... Oh! si les
« Romains avaient été obligés d'apprendre le
« latin, ils n'auraient pas trouvé le temps de
« conquérir le monde... Laisse Virgile, ce nom
« seul me donne des crises de nerfs, parle-moi
« de lady Flaming.

« — D'après le bruit public, elle aurait quitté
« l'Angleterre pour empoisonner ici son mari
« plus à l'aise. Peu après la mort dudit mari —
« ceci est de l'histoire — sur un soupçon d'in-
« fidélité, elle fit tuer en duel son premier amant
« par un second qu'elle prit dans un but de
« vengeance.

« — En effet, elle semble comme enveloppée
« dans une atmosphère d'émanations de crime.

« Toute la nuit je rêvai de lady Flaming.

« Elle ne sortit plus de ma pensée. Je ne des-

« cendais plus à terre, je n'allais plus à la
« Chiaja que pour la voir... Toujours seule,
« sombre, dédaigneuse, en noir dans sa calèche
« capitonnée de soie jaune, elle semblait n'avoir
« de pensée que pour son petit king-charles.

« Vainement nous croisions à tout propos son
« attelage, vainement je lui lançais les œillades
« les plus incendiaires, je perdais mon temps..,
« à peine sembla-t-elle parfois s'impatienter de
« mes manœuvres.

« Il fallait tenter une action décisive.

« Je voulais d'elle quelque chose à tout prix,
« plutôt un soufflet que rien.

« Tout flambant, aiguillettes fraîches et habit
« neuf, armé de fleurs choisies pour elle, je
« prends cette fois une voiture pour moi seul.
« Après un premier tour en reconnaissance, je
« commande au cocher de passer très près, en
« l'élongeant, de l'équipage de la mystérieuse
« et tragique habituée de la Chiaja. Il le fit avec
« une grande dextérité. Je me penchai dans la
« voiture de la noble empoisonneuse et lui ten-
« dis mon bouquet... Elle laissa tomber sur moi,
« de si haut, un regard si glacé que le froid
« m'en gagna la moelle. Je lâchai mes fleurs
« sur le rageur petit king-charles, qui en poussa
« des glapissements colériques.

« Les deux voitures s'étant presque instanta-
« nément séparées, je n'eus pas le temps d'être
« embarrassé.

« Jusqu'alors, j'étais convaincu — comme
« mes camarades — qu'à Naples tout est per-
« mis ; nous éprouvions un si parfait mépris —
« justifié d'ailleurs — pour le pays !... notre
« conduite s'en ressentait. Nous nous étions
« adjugé le droit d'impertinence.

« Quelque peu confus, cependant, je continuai
« le tour de la Chiaja.

« Il me tardait de voir l'effet produit sur la
« grande dame par ma singulière — pour ne
« pas dire inconvenante — démarche. D'ailleurs
« je ne m'en repentais pas, je voulais, n'importe
« comment, me faire remarquer d'elle.

« Bientôt je distinguai l'attelage de milady.

« Dans mon premier mouvement de joie, j'eus
« peine à en croire mes yeux... Je n'étais pas
« dupe d'une illusion pourtant, elle tenait bien
« mon bouquet à la main. Quel triomphe !...
« Accepter le bouquet, n'était-ce pas un peu
« accepter les hommages de celui qui l'avait
« donné.

« Quand elle m'aperçut, elle porta les fleurs
« à son visage, en respira le parfum, accom-
« pagnant le geste d'un sourire et d'un de
« ces regards qui frappent comme un malé-
« fice de sorcière...

« Au tour suivant, même geste, même re-
« gard, même sourire... Le crépuscule chassait
« en ce moment les derniers promeneurs de la
« Chiaja.

« Quels rêves je fis dans mon hamac!... Aux
« pieds de la terrible brune, je m'enivrais du
« poison de ses yeux fiers et ardents, couvrant
« de baisers la main qu'elle m'abandonnait.

« Vainement je retournai à la Chiaja... Je ne
« l'ai plus revue; je la cherche en vain dans
« tout Naples... »

Vingt-quatre heures de plus, dit invariablement le matelot à chaque départ, et j'étais aimé
de mon hôtesse.

Est-ce pure illusion?... Oui et non.

Qui de nous marin n'a pas obtenu, à son dernier adieu, quelque faveur d'une femme qui
s'est dit : je puis bien lui accorder cela, je suis
sûre de ne pas accorder davantage...

De là de mémorables baisers dont la saveur
reste à jamais sur les lèvres.

Rien de plus insignifiant que cette rencontre...

Eh bien, depuis trente-deux ans, milady n'a
cessé de m'apparaître sur un fond capitonné de
soie jaune, mon bouquet à la main.

Il y a trente-deux ans de cela, et, dans ce
moment même, je vois lady Flaming aussi dis-
tinctement que si je l'avais encore à la Chiaja
sous les yeux.

Pourquoi une impression si profonde à la suite
de quelques apparitions si fugitives,— le temps à
deux voitures de se croiser?... Pure vision d'ailleurs, car je n'ai jamais entendu le son de sa voix.

16.

Pourquoi, à première vue, cet entraînement étrange?... Pourquoi surtout ne l'ai-je point oubliée?

Quand on songe à ces sympathies subites et durables pour des personnes à peine entrevues, on est tenté d'expliquer ces attractions singulières par des liens d'affection antérieure dans quelque monde inconnu.

J'ai peine à croire aussi que je ne reverrai plus milady... Cet amour ébauché ici-bas se renouera plus tard.

Souvent il me vient à la pensée que, dans notre vie suivante, nous conserverons, aux yeux de ceux que nous aimons, toutes nos formes terrestres successives... L'époux retrouvera à la fois, dans sa femme, la vierge dont il eut le premier baiser et la vieille compagne en cheveux blancs qui lui ferma les yeux.

On retrouvera toutes ses amours, toutes ses affections sous la forme préférée.

La jalousie n'aura plus prise sur nos cœurs dilatés, on jouira délicieusement de l'amour pour les autres des personnes que l'on chérit.

Lady Flaming est morte... Mais elle m'aime, j'en suis certain, je le sens... Nous nous aimerons d'un amour éternel.

On sera aimé dans l'autre monde de toutes les femmes que l'on a aimées dans celui-ci, sans cela à quoi servirait l'autre monde?

LA REINE

Je ne suis pas le Grand-Turc et cependant je possède un harem de beautés incomparables... En échange, Salomon le Sage m'eût donné ses quatre-vingts épouses, ses trois cents concubines, le temple de Jéhovah, tous ses prêtres et le peuple juif par-dessus le marché.

Je le peuple de toutes les femmes qui me plaisent, vierges, vierges folles ou grandes dames mariées...

Il y a :

Une négresse des cataractes de la rivière de Bia, en Assinie, à la peau lisse d'un noir mat, au corps ferme comme un marbre, superbe et chaste dans sa nudité ; jamais sculpteur grec ne soupçonna cette divine harmonie de formes.

Une Chinoise safranée, à la haute coiffure en cheveux, aux yeux bridés, mignonne et fûtée, — une orgueilleuse mandarine de Wampoa que je rencontrai traversant la rue sur le dos de sa servante.

Une polynésienne de Lifou, vivante statue de bronze, aux traits fins, au visage empreint d'une douceur infinie, que je surpris sur une étroite grève, se baignant enveloppée d'épais et souples cheveux noirs, tombant au-dessous de sa ceinture.

Une rose et blanche chanteuse polonaise, à la voix de rossignol...

Que sais-je encore !...

Je les tiens toutes prisonnières dans le royal château de ma fantaisie. Elles vivent en bonne harmonie, joyeuses d'accourir à mon premier appel. Dans de vastes jardins, près de sources jaillissantes, sous les palmiers des tropiques ou les sombres sapins du nord, elles se prélassent élégantes, rieuses ou pensives.

En 1850, la reine des Grecs fut une de mes plus agréables captures.

Je fumais un chibouque à la porte d'un café, dans je ne sais trop quelle rue qui débouche sur la place d'Athènes... Tout à coup une amazone passe comme un éclair, un éclair aussi me traversa le cœur... Était-ce une vision céleste?... Y a-t-il vraiment sur la terre des femmes aussi belles ?... Une seconde amazone la suivait de près au galop; derrière quelques officiers grecs arrivaient ventre à terre.

C'était la reine.

Déjà elle avait bouleversé bien des cervelles... entre autres celle du capitaine de l'aviso français en station au Pirée. L'infortuné ne put résister au désir de faire connaître à l'objet de ses tourments la passion qui le consumait.

Il réfléchit bien longuement... Que dire à une reine?... Il fallait trouver quelque chose de très galant. Le malheureux errait obsédé sur le pont des journées entières cherchant l'idée... l'idée ne venait point. Newton, pour trouver les lois de l'univers, ne se plongea point dans des méditations plus profondes. Enfin l'inspiration si impatiemment attendue l'illumina, il put s'écrier *eurêka!...* une idée sublime comme Minerve toute armée naissait de son cerveau.

Le brave capitaine adressa donc à sa déesse un cent de pommes accompagné de ce billet :

« Le berger Pâris, pour prix de la beauté, fit présent d'une pomme à Vénus; comme vous êtes cent fois plus belle que Vénus, je vous envoie cent pommes. »

Si elle était Vénus, lui n'était pas Pâris...

On le lui fit bien voir,

Si la souveraine de l'Hellade avait connu la tension d'esprit, les prodigieux efforts d'imagination résumés dans ces quelques lignes, peut-être aurait-elle eu le bon esprit de rire de cet amour naïf.

Mais le panier tomba entre les mains d'un chambellan imbécile — ce n'est pas très rare parmi les chambellans... de là plainte au ministre plénipotentiaire, échange de notes, paperasseries diplomatiques longues de deux lieues... et le triste amoureux, démonté de son commandement, séparé de sa belle, eut le loisir de méditer en France sur le danger des billets doux et des comparaisons mythologiques.

On citait encore un Anglais qui fit le voyage des cataractes du Niagara pour y noyer son amour ; il ne lui fallait pas moins que toute cette eau pour éteindre sa flamme.

« Depuis le jour où je l'ai vue passer comme
« un brillant météore, je cherche toutes les occa-
« sions de la voir.

« Le dimanche, je me rends sur la place, de-
« vant son palais, à l'heure de la musique,
« quand elle fait caracoler son impatiente mon-
« ture. Toute Allemande qu'elle est, elle a le
« profil grec.

« Parfois elle s'arrête pour permettre à ses
« sujets de l'admirer à l'aise ; un gracieux sou-
« rire anime sa bouche charmante et découvre
« ses dents d'émail, pendant qu'elle flatte de la
« main le cou de la noble bête qui piaffe d'or-
« gueil et de contentement. Je céderais ma qua-
« lité d'homme pour avoir l'âme cousue dans la
« peau de ce quadrupède.

« Tout à coup elle lui lâche la bride et part
« comme un trait, acclamée par la foule enthou-

« siaste des palikares moustachus à tournure de
« bandits d'opéra-comique, mais bandits pour
« de bon, quand l'occasion se présente.

« Un reître à la moustache blanche comme
« ses épaulettes d'argent, coiffé d'un claque
« énorme, culotté de daim dans de formidables
« bottes, ne la quitte pas plus que son ombre, les
« yeux toujours fixés sur elle avec des regards
« de caniche en adoration devant son maître.
« Le rude soudard a pour sa souveraine l'atta-
« chement d'un chien ; il voudrait bien être
« chien pour obtenir une caresse. Cet amoureux
« transi est l'antique colonel Thouret, le Chan-
« garnier d'Athènes, l'un des rares philhellènes
« français qui allèrent en personne combattre
« les Turcs ; ce héros de la guerre de l'indé-
« pendance, à la paix, resta au service de la
« Grèce. Il y a encore un cœur dans cette vieille
« culotte de peau, mais ce cœur desséché ne bat
« plus que pour la reine.

« Quant au roi, un pauvre sire, tout ce qu'on
« en dit, c'est qu'Othon est philhellène. »

Elle est morte pour le commun des hommes...
mais, dans mon palais enchanté, l'intrépide
amazone continue ses courses folles dans les
bois. Elle porte le même coquet feutre noir, la
même longue robe noire à la jupe flottante ; sur
sa selle se dresse fièrement son buste aux nobles
contours et sa taille de libellule.

Par pitié pour le vénérable colonel et par sympathie pour un compatriote, je l'ai transformé en lévrier ; il accompagne la reine à la promenade, vit à ses pieds, lui lèche les mains... parfois il dresse les oreilles, le vieux troupier tressaille dans son enveloppe canine, il vient d'entendre vaguement, dans le lointain, le son d'un tambour.

THÉOLINE

12 novembre 1882

En feuilletant mes vieux papiers, je suis tombé sur le nom de Théoline.

Encore un souvenir de mort...

Pauvre Toto!... l'absinthe l'a tuée...

En l'an de grâce 1849, je fréquentais la case de Julia et de Théoline; amies comme deux sœurs, elles habitaient ensemble et ne se quittaient pour ainsi dire pas un instant.

Comme les autres mulâtresses, elles vivaient d'amour et d'eau fraîche.

Quelques bananes, un peu de riz, un soupçon de morue, surtout de la farine de manioc et du piment, voilà pour la nourriture.

La toilette n'exigeait guère plus de frais. La *gaule*, longue et large robe d'indienne à fleurs gaies, à couleurs tendres, aux plis nombreux, tombant ample, légère et flottante des épaules aux pieds, dessine à chaque mouvement un corps sculptural que la civilisation n'a point déformé. Le coquet madras rouge et jaune les coiffe à merveille et sied à ravir à leur teint café au lait. Théoline avait beaucoup de café dans son lait, Julia beaucoup de lait dans son café.

Pour se procurer ce nécessaire modeste, il suffisait de repasser le linge de quelques officiers ou de louer une chambre garnie... que la loueuse garnissait de sa propre personne. Rien de plus commode, on trouvait du même coup bon gîte et le reste. De temps à autre quelque adorateur fortuné donnait bien une paire de grosses boucles d'oreilles ou un collier d'or, que la belle déposait à la banque dans ses jours de détresse.

Combien de fois un officier, soudain frappé par la fièvre jaune ou tout autre maladie grave, transporté chez une mulâtresse à lui inconnue, ne s'est-il pas vu entouré de soins maternels, veillé jour et nuit avec une infatigable vigilance, jusqu'au moment où le malade pouvait payer toute cette sollicitude d'un baiser.

Elles étaient bien alors les femmes les plus désintéressées du monde, vivant comme les oiseaux des bois, comme les lis des champs, sans souci du lendemain. Excellentes mères, folles

de leurs bébés, dont elles connaissaient généralement à peu près le père, elles élevaient leur
progéniture avec des attentions et des tendresses infinies. Il faut si peu pour vivre dans ces
pays bénis des tropiques où le soleil travaille
pour tous... un enfant y est toujours le bien
venu.

La mulâtresse des Antilles était étonnam-
ment sentimentale ; pour elle, la sentimentalité,
c'était le bon ton. Pour leur plaire, il fallait
jouer la passion — trois jours au moins, c'était
la règle ; une résistance de moins de trois jours
perdait une réputation — on marivaudait avec
ces blanchisseuses comme avec des duchesses.
En réalité, avec leur distinction, leur délicatesse innées, elles avaient en horreur la gros-
sièreté du demi-monde de France ; mais comme
elles possédaient un tempérament volcanique,
il en résultait des mœurs fort originales, bizarre mélange d'impudeur naïve et de senti-
mentalisme quintessencié.

J'accablais de mes assiduités la blanche et
grassouillette Julia. Pourquoi ?... Je n'en sais
rien, car au fond je préférais la svelte et noire
Théoline avec ses grands yeux de feu. Théoline passait pour relativement sévère et Julia
pour compatissante au dernier point... à vingt
ans, on est pressé de toucher au but, et l'on
préfère les grandes routes aux sentiers ob-
strués.

Mon départ pour France était fixé au lendemain.

Contre toute vraisemblance, j'avais trouvé
dans Julia un dragon de vertu. En vain lui
avais-je prodigué les gestes émus, les serments
solennels, les comparaisons avec le soleil et la
lune, j'en étais pour mes frais de passion et mes
fleurs de rhétorique.

C'était ma dernière soirée passée à la Martinique, dans quelques instants je devais rallier
le bord.

Moitié par sincérité, moitié pour flatter la
manie romantique de l'inflexible mulâtresse, je
me jetai à ses genoux.

— Julia, lui dis-je, à la pointe du jour, nous
faisons voile pour France, ne me laisse pas, je
t'en conjure, partir sans un baiser... un baiser,
c'est si peu de chose... Je m'en irai le cœur
joyeux, si je puis m'imaginer que tu m'as aimé
ne fût-ce qu'un instant, que tu songeras à moi
quelques heures.

— Non, me répondit-elle d'un ton sec, puisque je ne vous aime pas.

Après un congé aussi net, il ne me restait plus
qu'à me retirer. Nous étions au premier étage,
Julia me laissa descendre le vieil escalier noir,
au risque de me rompre le cou, sans daigner
m'éclairer de sa bougie.

Je m'en allais à tâtons fort penaud, quand
j'aperçus vaguement, dans les ténèbres du cor-

ridor, une forme de femme. Deux bras s'enla-
cèrent autour de mon cou, des cheveux se mê-
lèrent aux miens, des larmes baignèrent ma
joue, puis une voix — la voix de Toto — mur-
mura à mon oreille : Pourquoi ne m'aimes-tu
pas ?... Je t'aime, moi...

Saperlotte, me dis-je en moi-même, trop
tard... ma chère enfant, tu arrives comme le
fameux marquis, trois quarts d'heure après la
bataille.

Je la pressai sur mon cœur, je baisai ses lèvres et je m'enfuis... il fallait éviter la tentation, il n'y avait pas à badiner, l'heure du dernier canot allait sonner ; je n'avais pas une minute à perdre.

Et ce vieux dicton de marin, que j'aurai plus
d'une fois l'occasion de répéter plus tard, me
vint à la pensée :

« Vingt-quatre heures de plus, j'étais aimé
de mon hôtesse. »

Le hasard des embarquements me conduisit
dans la Méditerranée, à Naples, Smyrne, Athènes... puis me ramena à la Martinique sur l'*Ardent*. Suivant la coutume du pays, au moment où tombait l'ancre, toute une population
de blanchisseuses, aussi variées dans la couleur
du visage que dans la couleur du vêtement, envahissait le bord ; l'une d'elles me
dit :

— Théoline t'attend, elle t'aime toujours.

Dieu me garde de laisser croire qu’elle m’avait attendu sans consolations.

Un soir, j’étais près d’elle dans sa chambre modeste — le bonheur n’habite pas sous des lambris dorés — nous n’avions pas encore éteint la bougie; tout à coup la maison oscille et craque.

— Ah! cher, s’écria-t-elle effarée, ça, tremblement-terre, laissez-moi lever, pour moi prier bon Dieu.

— Prier Dieu!... tu es folle, lui dis-je en la retenant dans mes bras, à quoi cela sert-il?... mieux vaut se caresser que prier... Ne serait-il pas bon de mourir enlacés, tes lèvres sur les miennes?... Laisse la maison trembler, je ne tremble pas moi... Que ces murs s’écroulent et nous ensevelissent, quoi de plus doux que la mort dans l’amour?

A vrai dire, je ne croyais pas à la gravité de la commotion, sans cela, je ne me serais certes pas abandonné à cet excès de lyrisme. Qui sait, cependant?... le romantisme, alors de mode, excitait chez nombre de jeunes gens une sorte d’appétit de la mort; les byroniens sincères n’étaient point une espèce rare.

A cette phase de ma vie, j’étais un athée solide; c’est une crise par laquelle nous devons tous à peu près passer, je crois. Être jeune, plein de sève, se sentir brûlé par une soif inextinguible de bonheur et ne voir autour de soi que

souffrances, n'y a-t-il pas là de quoi faire trébu-
cher la raison?

L'âge, en général, guérit de cette maladie.
Peu à peu la pratique de la vie nous conduit à
cette foi de notre existence terrestre considérée
comme une étape dans notre course au milieu
des mondes, à la foi d'existences ultérieures dans
des mondes meilleurs.

Une seconde secousse plus forte que la première ébranla de nouveau la case; Théoline
s'élança du lit et tomba au milieu de la chambre
en prières.

En la voyant en chemise, à genoux, se
frappant la poitrine, je partis d'un formidable
éclat de rire. La pauvre Toto confondue me
contemplait avec effroi et se demandait vi-
siblement si je n'étais pas le diable en personne.

Il y avait grand bruit dans la rue, une masse
de gens, en costume de nuit, se précipitaient
vers la Savane pour fuir le dangereux voisinage
des murs.

Quant à moi, l'idée d'un sinistre ne pouvait pénétrer dans mon esprit; ce trémolo terrestre n'eut, en effet, aucune conséquence tragique.

La case, après un instant d'allures de maison
en goguette, reprit son aplomb, et je ne tardai
pas à continuer avec Toto la conversation inter-
rompue.

Peu à peu la foule se remit de sa panique et chacun rentra chez soi,

> Les uns avec leurs femmes
> Et les autres tout seuls

Dieu seul sait ce qui se passa pendant cette nuit, sur la Savane, au milieu de tout ce peuple en chemise. Si un véritable tremblement de terre est certes bien la plus terrible catastrophe dont notre globe puisse être le théâtre, celle qui dans le moins de temps anéantit le plus de vies humaines, une fausse alerte, la nuit, est, par contre, une désopilante comédie. Le lendemain tout Fort-de-France faisait des gorges chaudes au sujet d'un couple nouvellement marié, les deux époux ayant fait leur apparition sur la place publique, monsieur dans la chemise de madame, madame dans la chemise de monsieur.

Il fait si chaud à Fort-de-France!...

Parmi les vertus des bonnes filles de la Martinique, il est juste de mettre en première ligne la sobriété. Malheureusement, pendant une de mes absences, Toto s'éprit d'un bel artilleur; or ce bel artilleur absorbait des absinthes plus vertes que les perroquets des tropiques. On prend volontiers les goûts de ceux qu'on aime, Théoline se passionna pour les perroquets verts.

Quand je revins, elle lâcha l'artilleur, mais

conserva l'amour des perroquets... de là brouille dans le ménage.

Elle m'adorait, mais préférait l'absinthe.

De guerre las, je la renvoyai à l'artillerie et ne m'en occupai plus.

Un jour, la mort la saisit dans le ruisseau.

Pauvre Toto, si bonne fille !...

LES MARSOUINS DU CAP

14 novembre 1882.

Dès le matin, les eaux prirent une teinte noire très foncée. J'ai fait la même observation dans mes précédents voyages : le changement de couleur de la mer signale à lui seul les approches de la Tierra del Fuego. A peine étions-nous entrés dans les eaux noires, que les marsouins du cap vinrent nous reconnaître.

Voici la troisième fois que je passe le cap Horn, en venant de l'ouest, et voici la troisième fois que je trouve ces marsouins à leur poste. Ils ont une physionomie toute particulière avec leur robe pie. J'avais déjà remarqué cette robe pie, mais ces bons animaux ont une course si rapide, sortent de l'eau pendant un temps si court et plongent si volontiers qu'il est fort difficile de déterminer la position de leurs taches.

J'ai pu m'assurer cette fois de la régularité

d'uniforme de ces troupes indisciplinées. Cependant elles manœuvrent fort bien. Tantôt elles marchent en rangs comme les grenadiers de Frédéric II, tantôt elles se développent en tirailleurs pour se concentrer de nouveau. Évidemment elles sont commandées par des tacticiens habiles.

Leur dos est noir du museau à l'autre extrémité. Derrière ils portent sur le côté un grand losange blanc, commençant à l'aileron pour se terminer à la queue. Ils ont aussi à l'avant une sorte de losange à peu près semblable...

C'est vraiment bizarre la rencontre réglementaire de ces marsouins bariolés dans les mêmes parages. On dirait des envoyés de la sombre et fantasque divinité du cap Horn venant porter ses compliments de bienvenue, ou plutôt des éclaireurs flairant quels mauvais tours elle pourrait bien jouer... car cette divinité, comme beaucoup d'autres, n'est pas aimable tous les jours.

Les marsouins m'ont toujours inspiré une vive sympathie. Je ne connais pas de créatures en apparence plus contentes de leur sort, et cependant, la plupart des êtres, à part l'homme, ont l'air satisfait de leur condition ; en tout cas ils montrent, dans la souffrance et la mort, un stoïcisme sur lequel nous devrions prendre modèle.

Il n'est point aisé de pénétrer les mystères de la vie d'autrui ; tel, qui est pour tous un sujet d'envie, renferme dans son cœur de cruelles plaies secrètes, peut-être en est-il ainsi des marsouins. Toutefois, s'ils ont des peines — et probablement ils en ont — ils les cachent... ce serait trop étrange, en effet, s'il se trouvait des heureux dans ce monde sublunaire.

Quoi qu'il en soit, ces joyeux cétacés n'ont pas l'air d'engendrer la mélancolie, ils s'ébattent, luttent de vitesse entre eux et avec les navires, apportant beaucoup d'ardeur et d'amour-propre dans ces luttes, se livrant aux culbutes les plus fantaisistes, aux cabrioles les plus insensées ; ce sont les clowns de l'Océan. Une grande fraternité règne dans ces sociétés, où l'on s'amuse évidemment beaucoup. Si je n'étais homme, je voudrais être marsouin, encore cette préférence pour ma qualité d'homme me semble-t-elle peu justifiée.

LES MALOUINES

16 novembre 1882.

Nous voici dans l'Atlantique sud ; tout est changé, le froid est devenu intense quoique nous nous soyons rapprochés de l'équateur. On sent le voisinage de la banquise et la proximité d'icebergs que nous pouvons rencontrer d'heure en heure. De violentes bourrasques de grêle et de neige nous assaillent à tous moments.

D'abord on s'étonne de voir différer d'une façon si notable deux mers aussi voisines, séparées seulement par l'étroite langue de terre formant la pointe sud de l'Amérique. J'attribue la cause de cette différence aux terres polaires australes qui, s'avançant vers l'Atlantique, y déversent leurs glaciers.

Si nous comparons l'hémisphère nord et l'hémisphère sud, leurs configurations nous apparaissent contraires en tous points. Dans l'hémisphère sud de longs triangles de terre s'avancent dans l'océan libre ; dans l'hémisphère nord des triangles marins pointent dans les terres. L'hémisphère sud est essentiellement marin, l'hémisphère nord essentiellement terrestre.

Mais ce qui présente une importance capitale, ce sont les conditions absolument opposées dans lesquelles se trouvent les deux pôles.

Le pôle Nord est le centre d'une mer approximativement circulaire.

Le pôle Sud est le centre d'une calotte terrestre grossièrement ronde, s'allongeant toutefois notablement vers l'Atlantique. De ce continent polaire allongé dans un sens, contre les flancs duquel se forme la grande banquise, se détachent des îles telles que la Géorgie, qui sont des centres d'épanchement d'icebergs.

De là résulte le climat anormal de l'Atlantique sud, réservoir de glaciers écroulés et de débris de la grande banquise. La partie comprise entre le cap Horn et le cap de Bonne-Espérance se trouve dans les conditions de l'*époque glaciaire*. Il n'est pas un phénomène de l'époque glaciaire dans nos climats dont cette partie du globe ne soit aujourd'hui le théâtre. A mon sens, il est donc possible d'expliquer les phénomènes de l'époque glaciaire dans nos latitudes, non par une diminution dans la moyenne de la température terrestre, mais par une simple transformation dans la forme des continents.

L'hémisphère sud est beaucoup plus froid que

l'hémisphère nord, du moins dans les basses latitudes ; sans nier l'influence des causes astronomiques, notamment du nombre inégal des jours (dans l'année) de présence du soleil dans chaque hémisphère, je pense que ce froid de l'hémisphère sud dépend de la forme actuelle de nos continents.

Les glaces du pôle Nord sont enfermées dans une ceinture de côtes qui ne leur permet pas de s'avancer vers les parages fréquentables. Celles qui pourraient descendre entre l'Amérique et l'Europe viennent se fondre dans l'infranchissable barrière d'eau chaude du Gulf-Stream.

Le continent élevé, montagneux du pôle Sud déverse de tous côtés, mais tout particulièrement dans l'Atlantique, à jet continu, de monstrueuses masses de glace.

Si donc le pôle Nord fut occupé jadis par une haute terre maintenant effondrée, s'il s'est trouvé, entre ce continent et les climats aujourd'hui tempérés, une mer libre transportant les glaces flottantes, évidemment la température dut être fort inférieure par nos latitudes. Les traces d'une période glaciaire dans nos pays ne doivent pas nous surprendre, bien qu'à cette époque la température de la terre fût peut-être même un peu plus élevée qu'elle ne l'est aujourd'hui.

Nous venons de voir passer près du bord des fragments de *fucus giganteus*. Ce fucus atteint une longueur de plus de deux cents mètres, bien que sa tige ne soit pas plus grosse que le pouce. On en rencontre des tronçons qui charrient des coquilles à des distances de plusieurs centaines de kilomètres de la région où végètent ces fucus.

Depuis que nous avons quitté le cap Horn, nous sommes accompagnés de satanites, nous n'en avons pas vu un seul de l'autre côté du cap; rien ne semble cependant devoir arrêter ce petit oiseau au vol puissant, cette hirondelle palmée qui dort sur les flots dans la tempête.

Le voisinage des Malouines ou Falkland nous est signalé par les gros pigeons des Malouines qui rôdent autour du navire et viennent percher sur les vergues. Nous admirons leurs pattes et leur bec rouge de corail, tandis que leur duvet d'une blancheur éclatante semble tissu de la neige qui tombe autour d'eux. De beaux modèles de Saint-Esprit.

Bougainville fonda un établissement dans ces îles avec le concours de la ville de Saint-Malo. Comme toutes nos créations, cet établissement tomba au pouvoir des Anglais. Ce ne doit pas être un lieu de plaisance, puisqu'il y neige si fort au 16 mai de la localité.

Un officier, qui a visité les Falkland, admire beaucoup la vigueur des habitants. Le teint rouge et sanguin des enfants, leur apparence robuste l'ont émerveillé. On gagne de l'argent dans ce pays avec la chasse aux loutres, phoques et toutes variétés de syrénides. Le bétail et les porcs y prospèrent; s'il y fait froid, on y mange de la viande à profusion pour se réconforter. Mieux que tous les autres mammifères importés, le mouton s'y est acclimaté; il y atteint des dimensions colossales. Les peaux de mouton seules suffiraient à alimenter le commerce de la colonie.

Les Malouines nous ont échappé, mais elles ont leur pendant à Kerguelen.

Kerguelen se trouve par une latitude analogue, le froid y est même probablement plus modéré qu'aux Falkland, surtout sur la côte nord, et sûrement les abords n'en sont pas plus dangereux.

Pourquoi ne fonderions-nous pas un établissement aux Falkland? — J'entends un établissement pénitentiaire.

LE PÈRE CATEL

19 novembre 1882.

Nous voici en plein parage des glaces ; le thermomètre plongeur est descendu à 3 degrés brusquement, nous pourrions bien être en mauvais voisinage. Je dis mauvais, car la brume est très épaisse quoique basse. Belle mer, petite brise ; nous filons modestement cinq à sept nœuds.

La brume me met toujours du noir dans l'âme ; distrayons-nous en consultant nos vieux papiers.

Il est bien vieux ce brouillon ; c'est celui de la première lettre que j'écrivis hors de France.

La Martinique, 21 décembre 1847.

.   .   .   .

.   .   .   .

« — Oui, monsieur, me disait avec émotion

« une jolie créole, jamais je n’ai vu un aussi
« beau cheval... il avait une robe blanche comme
« une robe de mariée, une fière encolure, une
« petite tête intelligente et fine... un maudit
« noir le montait... cet imbécile laissa la bête
« s’emporter, perdit la tête, et le pauvre animal
« alla se briser le crâne contre un arbre de la
« Savane... Je le vois encore étendu, râlant dans
« les convulsions de l’agonie, baigné du sang
« qui lui sortait par les naseaux, la bouche et
« les oreilles.

« — Et le nègre, madame ?

« — Cette brute se tua aussi... le mal ne fut
« pas grand, c’était un nègre libre.

. . . .

. . . .

« Que je voudrais te voir, toi qui aimes tant
« les fleurs, contempler cette végétation bril-
« lante, parterre aux mille plants divers, où
« l’arbrisseau, sous les effluves du soleil, de-
« vient arbre en un an. Chaque plante respire
« la vigueur ; l’air, le soir, est embaumé.

« Les lauriers roses se mêlent aux orangers
« chargés d’une neige odorante, tant ils sont
« fleuris ; le flamboyant, comme un dôme en
« feu, aveugle par l’intensité de ses couleurs de
« fer rouge.

« Les colibris rubis et les oiseaux-mouches
« émeraudes papillonnent attirés par l’éclat des
« pétales dans le feuillage sombre ; ils plongent

« leurs longs becs fins au fond des calices,
« s'enivrent de nectar, se tenant immobiles
« dans l'air devant la fleur, soutenus par des
« battements d'ailes si rapides qu'elles échap-
« pent aux regards.

« Je me suis promené dans le cimetière, il
« touche l'hôpital ; on n'a qu'un pas à faire du
« séjour des souffrances au champ du repos. Il
« est très engageant ce cimetière tout paré de
« lauriers roses ; il doit faire frais le jour sous
« ces tombes gazonnées, auxquelles, pendant la
« nuit, sourit le ciel calme et doux des tropi-
« ques.

« On l'appelle le jardin du père Catel.

« Le père Catel, directeur de l'hôpital mili-
« taire à la Martinique, est à la fois le plus sin-
« cère des philanthropes et le plus sanguinaire
« des assassins ; les grands hommes, César,
« Tamerlan, Napoléon ont seuls versé plus de
« sang.

« Le père Catel est légendaire et le mérite.

« Il est le devoir incarné, le dévouement en
« chair et os, il ne dort ni ne mange ; il veille
« nuit et jour, saignant et resaignant ses ma-
« lades, ne les abandonnant que morts.

« Dans la dernière épidémie de fièvre jaune,
« il saigna tant et si bien que la rivière voi-
« sine, dans laquelle s'écoulent les immondices
« de l'amphithéâtre, en fut empoisonnée.

« Quelle que soit la maladie dont on souffre,

« on connaît sa première prescription d'avance :
« saignée quinze cents grammes, quatre-vingts
« sangsues à l'épigastre.

« La médecine, dit Hippocrate, guérit quel-
« quefois, soulage souvent, console toujours...
« avec le père Catel, il faut dire : ne console
« jamais, mais tue presque toujours. »

Le docteur Catel était aussi justement honoré
pour la dignité de son caractère que redouté
comme médecin. Pour se faire une idée de la
terreur qu'il inspirait, il faut avoir entendu les
cris déchirants, assisté aux résistances déses-
pérées des victimes traînées à son abattoir.

Après sa mise en retraite, le philanthrope
Catel fonda à ses frais un hospice, avec tout le
confort et même tout le luxe désirables ; il n'y
manquait que les malades... le suicide est peu
répandu à Fort-de-France, la gratuité ne tenta
personne... on ne vit aucun désespéré venir se
faire saigner pour rien jusqu'à ce que mort
s'ensuive.

La monomanie de la saignée le possédait ; le
sang l'avait enivré comme il enivre les foules
aux époques néfastes ; comme il enivre la brute
au tempérament d'assassin.

C'était un grand savant, mais un homme à
système, Robespierre médecin.

Pur disciple de Broussais, il avait encore exagéré les doctrines du maître.

Avant les guerres de l'Empire, la race fran-

çaise passait pour la plus grande et la plus forte
de l'Europe, maintenant elle est la plus faible et
l'une des plus petites. Deux hommes de génie,
un grand guerrier, un grand médecin l'ont
réduite en cet état... Dieu que les hommes de
génie coûtent cher quelquefois !

Tandis que le grand guerrier envoyait à la
boucherie tous les gens bien constitués, réser-
vant pour la reproduction les infirmes et les ra-
chitiques, le grand médecin achevait d'anémier
tous ces cacochymes en les saignant à blanc...

Napoléon et Broussais sont les deux grands
responsables du dépérissement physique de
notre race.

Quand je songe à la somme de diètes et de
saignées auxquelles j'ai été soumis dans ma
jeunesse pour les mêmes maladies qu'on traite
aujourd'hui avec des réconfortants, je me sens
bien sceptique à l'endroit de la médecine.

Les médecins n'en avaient pas moins alors
la même superbe confiance que ceux de nos
jours, qui prennent dans la société, surtout en
politique, une place de plus en plus encom-
brante. Les médecins tendent à se substituer
aux prêtres, auxquels ils ressemblent sous plus
d'un rapport, ce qui ne saurait surprendre,
puisqu'ils ont une origine commune, descendant les uns et les autres des sorciers.

.   .   .   .

.   .   .   .

A mon retour de la Côte Ferme, je fus renvoyé en France comme convalescent. Si je ne dors pas mon dernier somme sous les lauriers roses du père Catel, c'est que j'avais l'âme chevillée dans le ventre.

La dysenterie s'était abattue sur la frégate, et nous fûmes expédiés neuf aspirants ensemble à l'hospice militaire, alors dirigé par le successeur du père Catel, en tous points d'ailleurs son antithèse.

Le docteur Catel était un homme de foi, son remplaçant était un sceptique... pour le premier, il n'y avait que la théorie ; pour le second, il n'y avait que l'expérience.

En sortant de table, où il passait le meilleur de son temps — il eut dû y rester toujours pour le bien de ses malades — ce tonneau — le nouveau venu était aussi gros que le père Catel était maigre — roulait suant et soufflant vers l'hôpital. Chemin faisant, il se demandait : que vais-je expérimenter aujourd'hui ?

Avant d'arriver, ce ventre ambulant avait enfanté une idée... l'essai de l'huile de houille, par exemple ; il en faisait frotter indistinctement tous ses administrés, se disant : « Nous verrons l'effet produit. »

Il expérimentait ainsi tout le temps, n'importe quoi, au hasard de la fourchette... mais il n'a jamais rien conclu ; ses expériences *in animâ vili* n'ont profité qu'au fossoyeur.

Donc nous nous acheminâmes, les neuf aspirants ensemble vers le vestibule du cimetière ; Esculape en désigna cinq pour être traités exclusivement au lait, quatre exclusivement au jus de carotte. Le hasard me mit au lait : tisane de lait, lavement de lait, bain de siège au lait. Je corrompis l'infirmier et bus mon lavement, bien entendu sans qu'il eût passé par son arme.

Grâce à Dieu, nous étions assez robustes pour braver toutes les expériences de l'oracle d'Épidaure, moyennant quelques fioles de bordeaux, don de personnes charitables.

L'expérience resta indécise : les cinq aspirants au lait et les quatre aspirants au jus de carotte sortirent le même jour vivants des mains du terrible expérimentateur.

Le père Catel ne nous aurait pas ratés, lui... il serait bien parvenu à enterrer quelqu'un.

On pouvait le plus souvent flanquer par la fenêtre les drogues en expérience du nouveau directeur, il n'y avait pas moyen d'échapper aux saignées de son confrère.

Aussi la légende a-t-elle sacré le père Catel souverain indiscuté de l'empire des ombres.

MADAME PRUDHOMME

Un beau pays, cette Martinique, où je fus aimé pour la première fois.

Peu après mon arrivée, j'avais fait la conquête d'une capresse aux cheveux crépus, au teint de café noir, aux yeux fascinateurs du serpent... Elle m'aimait d'un amour sauvage; ouvertement, elle exerçait la profession de sorcière — d'empoisonneuse à l'occasion.

C'est ainsi qu'elle empoisonna M. Prudhomme, ex-clarinette du régiment, établi à Fort-de-France en qualité de perruquier. Sa femme, très blanche mulâtresse, autrefois fort belle, possédait encore des restes fort agréables, comme nous l'avions généralement constaté. En effet, c'était le plus souvent Mme Prudhomme qui nous rasait.

Pourquoi des coiffeurs et non pas des coiffeuses?... Est-ce bien un métier d'homme?... Pour moi, j'affirme avoir toujours senti, avec plus de plaisir, les doigts de Mme Prudhomme me passer sur le visage que ceux de son mari.

Donc, Mme Prudhomme nous rasait, et nous ne manquions jamais de lui dire : « Et surtout, n'allez pas me couper, madame Prudhomme. » Aussi, à aucun prix, la chère femme n'eût voulu entamer notre cuir. Pendant que nous étions sous le rasoir, la gaule, cet incomparable vêtement inventé par l'amour, nous avait permis d'apprécier sa personne.

Elle avait le cœur très tendre; M. Prudhomme se plaignait de sa légèreté et nous disait dans ses moments d'expansion : « Autrefois, monsieur, c'était le directeur de l'intérieur, l'ordonnateur, le gouverneur lui-même... » Il se rengorgeait en citant ces éclatantes autorités, puis il ajoutait avec une crispation de rage : « Et maintenant, monsieur, c'est le gendarme de service ! »

Et nous nous disions en nous-mêmes : « Mais elle n'est pas si bête, Mme Prudhomme... Pour le but qu'elle se propose, un gendarme vaut certes bien un gouverneur. »

Or, dans ses accès de colère, M. Prudhomme caressait sa moitié avec un bambou.

Un jour, la belle fustigée, fort meurtrie, vint trouver ma capresse et lui demanda un charme pour calmer les fureurs de son époux... La sorcière lui donna un philtre qui guérit à tout jamais, de sa jalousie, l'ex-clarinette, car on l'enterra dans les trois jours.

Du coup, on traîna mes amours en prison. Elles se retirèrent de ce mauvais pas, moyennant quelques mois passés à l'ombre; ce qui ne m'étonna pas, car la satanée coquine était singulièrement rusée. Quel début dans la vie, une empoisonneuse pour premier amour?... Il m'en est resté une incurable défiance.

Mes relations avec la sorcière se trouvèrent ainsi rompues; je commençais, d'ailleurs, à me lasser de ses élans brutalement passionnés, de ses emportements de fauve.

Drôles de mœurs où la religion et la galanterie marchent si bien ensemble, sans se quereller jamais... Dans ce monde de mulâtresses, on communie le matin pour prendre un amant le soir. L'adolescente — sous ce climat on est précoce — répond ingénument aux empressés : « Après ma première communion. » On attend la première communion, c'est la règle, mais rarement vingt-quatre heures de plus.

Ces bonnes filles usent volontiers de tous les sacrements, sauf le sacrement de mariage.

Par ce fait qu'on ne se marie guère, il n'y a point de bâtards, tous les enfants sont naturels.

On ne connaît pas non plus l'infanticide, car il est aussi simple pour une jeune fille d'avoir un enfant que de manger ou de boire.

Loin de moi la pensée de nier l'utilité de nos

institutions et de nos codes; mais le monde ne périrait pas, si l'on jetait au feu toute cette paperasserie; la société même, j'en suis convaincu, changerait beaucoup moins qu'on ne pense.

Mais, pour aimer la Martinique, il faut l'avoir vue avec des yeux très jeunes, il y a plus de trente ans.

Ces mœurs se sont modifiées peu à peu depuis l'abolition de l'esclavage, dont elles étaient la conséquence; aujourd'hui, la société des gens de couleur a pris les allures de la société européenne. Le type de l'aimable et facile mulâtresse a disparu comme celui de la grisette et des animaux antédiluviens.

LES SAINTES

7 juin 1848.

. . . .
. . . .

« Rochers voisins de la Guadeloupe, imper-
« ceptibles sur une carte à petits points, les
« Saintes offrent quelque intérêt, grâce à leur
« excellent mouillage, et les bons mouillages
« ont leur prix dans les Antilles du vent.

« On n'y cultive pas. Quelques troupeaux
« errent avec la marque du propriétaire et suf-
« fisent aux goûts simples des rares et pares-
« seux habitants.

« Le mancenilier foisonne, il y forme des
« taillis entiers; aucune plante ne croît sous
« son ombre; l'imprudent qui chercherait, à
« son abri, la fraîcheur et le sommeil, y trou-
« verait la mort..., dit la légende. Mais qui
« songerait à se coucher dans ces taillis de

« grands arbrisseaux, dont les branches se
« croisent tout près de terre?... Quand on tra-
« verse ces fourrés au moment où la pluie ou
« la rosée ont mouillé le feuillage, son simple
« contact occasionne sur la peau nue des brû-
« lures cuisantes; la plante est donc très véné-
« neuse. Il ne faudrait pas en employer les
« feuilles — qui ne s'y prêtent guère, à vrai
« dire — à l'usage auquel frère Jean des Ento-
« meures consacra les saintes *Décrétales*, on
« s'exposerait à quelque accident analogue.

« Les habitants de ce pays riche en poison
« fument, jouent du tam-tam et du violon,
« dorment et dansent.

« L'étranger jouit de la distraction du bain
« de mer, sauf à être avalé par un requin.

« Il croît beaucoup de myrtes et de franchi-
« paniers dans l'île. Si j'ajoute que le comman-
« dant du fort (il y a un fort pour protéger la
« rade) et son lieutenant jouent du cor de
« chasse, je crois avoir tout dit sur le pays.

« Ici, du moins, on a la consolation de pou-
« voir vivre sans le sou, et ce n'est pas un
« mince avantage, quand on touche par mois
« 48 fr. 50.

« Pendant notre séjour à la Guadeloupe,
« c'est-à-dire durant trois mois, on a eu la
« cruauté de ne pas nous payer.

« Nos provisions de bouche se bornaient à
« l'achat de quelques bananes; par économie,

« nous faisions laver notre linge par un matelot,
« ce qui nous avait perdu dans l'estime des
« blanchisseuses.

« La femme a horreur des pauvres; les mulâ-
« tresses de la Guadeloupe nous refusèrent leurs
« sourires... Il fallut se résigner aux faveurs
« des demoiselles les plus teintées et déjà sur
« le retour.

« Jamais je n'oublierai l'inauguration de la
« statue de l'amiral Gourbert... Dieu lui fasse
« paix! mais j'ai passé, grâce à lui, par des
« émotions bien cruelles.

« Les compagnies de la frégate descendirent
« en armes pour cette solennité, et naturelle-
« ment je figurais à la tête d'un peloton. Le
« directeur de l'intérieur prononça un discours,
« le maire prononça un discours... Moi, j'étais
« absorbé par cette seule pensée : Pourvu que
« je ne sois pas lâché par mes bottines!...

« Je me disais amèrement : S'il ne part que
« la semelle, je pourrai encore m'en tirer...
« Mais quelle figure ferai-je si l'empeigne me
« manque sous les armes?

« Il faut avoir traversé ces angoisses pour
« les comprendre.

« C'est si bon d'être jeune, disent les vieux!...
« Oui, mais c'est bien désagréable, des poches
« vides... La gaieté ne ressemelle pas les bot-
« tines!...

« Ici, du moins, pas de tentations... On sup-

« porte volontiers la misère, quand elle est
« sans témoins. Malgré moi, je ferai des écono-
« mies, et, de retour à Fort-de-France, je me
« payerai toutes les délices de la vie, y compris
« des bottines. »

JEUNES AMOURS

---

26 novembre 1882.

Nous traversons l'espace compris entre Tristan d'Acuña et Diego Alvarez, favorisés par un temps splendide.

Quelques Anglais — où ne trouve-t-on pas des Anglais? — vivent sur ces rochers où les troupeaux prospèrent. Quand un navire passe en vue de ces îles sans mouillage et quasi inabordables — événement bien rare, — les habitants mettent intrépidement leurs embarcations à la mer et viennent le long du bord vendre des provisions fraîches.

L'existence de ces quelques familles rappelle celle du Robinson suisse; elles s'y trouvent aussi isolées du monde des humains que si elles vivaient dans une autre planète.

Nous avons définitivement franchi les parages à glaces sans en voir; un matin, dans

une brume intense, le thermomètre plongeur
est tombé, en deux ou trois heures, de 7° à 3°.
Cet abaissement subit de la température de la
mer indiquait sans doute le voisinage d'icebergs descendus probablement de South Geor-
gia. Nous avons mis le cap au Nord, le thermomètre plongeur a remonté peu à peu, et, quand
la brume s'est dissipée, nous n'avons rien aperçu.

Les nuits sont merveilleuses, pas le plus petit nuage au ciel, le navire glisse comme dans
un lac et la lune argente de ses rayons la
grande solitude.

Aujourd'hui dimanche, on a hissé le piano
sur le pont ; un ex-accompagnateur de café
chantant — engagé volontaire, remplissant à
l'heure présente sur un vaisseau de la République les fonctions de marmiton — fait danser
l'équipage.

Je me suis replongé dans le passé.

Ai-je vraiment écrit ces lignes que je ne relis
pas sans sourire ?

Et cependant elles ont été senties, elles sont
l'expression vraie d'émotions sincères ;... elles
ne viendraient pas au bout de la plume d'un
jeune homme aujourd'hui. Le romantisme dominait alors, le positivisme règne maintenant.
On trouve des ambitieux de vingt ans, des intrigants de dix-huit, nouvelle race couvée par
les Révérends Pères et qui s'est propagée un peu
partout...

Nous étions plus légers, plus poètes,... la jeunesse actuelle est pratique; il ne faut pas s'en plaindre, les malheurs publics ont été pour beaucoup dans cette évolution. Nous étions plus rêveurs, on est plus laborieux; c'est une dure nécessité des temps. Mais il y avait de la grandeur dans nos rêveries humanitaires. Saint-Simon, Fourier ont introduit bien des erreurs fatales, de dangereux ferments de dissolution;... mais ils ont vraiment aimé les hommes... C'étaient des cœurs généreux. Grâce à eux, grâce au romantisme, de nobles illusions flottaient dans l'air... et, sans illusions, vaudrait-il bien la peine de vivre?

La vie, en somme, est-elle autre chose qu'un tissu d'illusions?... Notre existence n'est-elle pas une illusion perpétuelle dans un monde qui n'est qu'une illusion lui-même?... Où est la réalité?... Et tout d'abord sommes-nous organisés pour la comprendre?... Il n'y a qu'une réalité, la mécanique. En dehors de la mécanique des atomes et de l'éther, rien de réel.

Pour nous, tout est illusion, fantasmagorie, convention.

Tout, monde tangible, monde moral, est une pure création de notre esprit.

Le monde que nous voyons est en nous.

Le monde de la nature est régi par les lois de la mécanique, le monde de la liberté est régi par des conventions... Mais qu'est-ce qu'une

convention?... la vérité du jour, l'erreur du lendemain.

Mais le domaine de l'illusion par excellence,
c'est le domaine de l'amour... l'important est
d'aimer, qu'importe qui l'on aime?... Ne la
créons-nous pas, de toutes pièces, au fond de
notre cœur, cette femme que nous aimons?...
Dans la femme aimée, ne sommes-nous pas les
seuls à voir la femme que nous voyons?

La Martinique, 27 décembre 1847.

.   .   .   .

.   .   .   .

« Derrière la maison, au fond d'un jardinet,
« se trouve une tonnelle où nous nous asseyons
« au crépuscule. La plante grimpante qui la
« couvre donne la pomme liane, œuf d'or rem-
« pli d'une crème délicieusement parfumée;
« c'est une passiflore aux pétales rayonnant
« autour des instruments du supplice de la
« croix, dessinés dans le calice.

« Au jardin, des bananiers, bouquets de
« feuilles colossales vert clair, jaillissant du
« sol, portent leurs grappes lourdes et massives,
« terminées par une vaste fleur d'un violet su-
« perbe, aux longues étamines délicatement

« colorées... puis les grenadiers dont les fleurs
« rouges flamboient dans le feuillage sombre...
« orangers et citronniers répandent à flots dans
« l'air leurs senteurs capiteuses.

« Devant la tonnelle, deux grands lauriers
« roses forment portail en mariant leurs bran-
« ches.

« Sa tête reposait sur mon épaule, j'envelop-
« pais sa taille et je caressais ses cheveux.

« Ivre de bonheur, longtemps je restai sans
« parler de peur de rompre le charme.

« Enfin mon cœur déborda et je lui dis :

« Merci, chère adorée, merci de cet amour
« qui me calme et me console, car je souffre
« loin de ma mère et de mon ami... je les quitte
« pour la première fois et mon cœur saigne des
« chagrins de l'absence. Tout mon être s'im-
« preigne de joie, quand mon cœur palpite sous
« ton front, quand tes yeux cherchent mon re-
« gard... et je me sens défaillir, quand mes
« lèvres boivent la volupté sur ta bouche. »

Qui diantre a pu exciter cette démangeaison
de pathos?... quelque repasseuse colorée... Bah !
la nuit, tous les chats sont gris ; avec bonnes
dents et bon appétit, toute chair est succulente.

LA MARTINIQUE

3 décembre 1882.

Voici les calmes du Capricorne, limite sud des alisés S.-E.

Basses voiles carguées, nous attendons des brises folles qui peu à peu nous conduiront à la région de ces vents, dont le cours est aussi réglé qu'un phénomène astronomique.

C'est le *dead calm*, le calme mort des Anglais; sur le ciel bleu sont vissés des nuages en carton peint, la mer immobile paraît incolore, les huniers battent désagréablement contre les mâts; comme disent les matelots, le voilier bat le charpentier.

Les enfants sont joyeux et les mères sont heureuses; on a monté sur le pont un guignol et l'on joue la *Tentation de saint Antoine.*

> Ciel ! l'univers va-t-il donc se dissoudre ?
> Partout quel bruit, quel horrible fracas !
> Je vois le monde en poudre
> Et la foudre
> Qui tonne par éclats.
>
> . . . .

Pauvre saint Antoine ! condamné à amuser les moutards après sa mort, pour n'avoir jamais amusé personne en sa vie.

Sa vie, matière à des tragédies eschyliennes, à des scènes du roman comique, demanderait à être chantée par Homère et Scarron.

Qu'est-ce qui domine en lui, le grand homme ou le fou ?

Ce combat violent, en un seul être, entre les aspirations les plus élevées de l'âme et la bêtise humaine dans toute son ampleur, méritait de trouver un barde. Aussi a-t-il inspiré à Gustave Flaubert une des conceptions les plus originales de notre littérature.

La *Tentation de saint Antoine,* vaste synthèse des recherches modernes sur les origines chrétiennes et des conclusions scientifiques les plus positives du siècle présent, dans un drame poignant aux mille décors somptueux, aux mille personnages émouvants et burlesques, met en scène tous les instincts religieux de l'humanité.

La lutte de saint Antoine avec le diable nous représente, dans toute sa grandeur, sous une forme vivante, l'éternelle oscillation du cœur humain entre le scepticisme et le besoin de foi.

C'est la terrible peinture des aberrations de l'humanité à la recherche de l'idéal, de la chute fatale en plein délire de la raison humaine en quête de sa raison d'être et de sa fin.

A cette œuvre colossale, il n'a manqué que des lecteurs.

Si la couverture du livre n'avait pas porté un nom bien connu, il n'en aurait pas été vendu quatre exemplaires. Qui s'intéresse à cet ordre d'idées par le temps qui court?

De famille noble, puissante et riche, saint Antoine préluda à ses hautes destinées par l'horreur de l'école; je lui pardonne de bon cœur, si les écoles de son temps ressemblaient aux lycées du mien.

A dix-huit ans, il entend un prédicateur citer le passage de l'Évangile où Jésus conseille à un jeune homme possesseur de grands biens, de vendre toutes ses richesses pour les distribuer aux pauvres. Orphelin, disposant de sa fortune, il suit l'Évangile à la lettre. Luxe, plaisirs, séductions de la volupté l'attirent sans doute... n'importe, confiant dans la charité publique, sans souci du lendemain, il donne tout pour se livrer, dans l'isolement, à la vie contemplative.

Alors commence le duel héroï-comique de Lucifer et du cénobite.

Un jour, dans un sépulcre où le saint s'était retiré, Satan lui administra une telle volée que l'homme de Dieu en resta à demi mort sur le carreau.

Les démons de ce temps-là n'étaient pas manchots.

Les démons d'aujourd'hui ne battent plus personne ; ils pensent qu'en rossant les impies ils leur feraient croire en Dieu, et qu'en rossant les croyants ils se feraient ramasser par la police.

Du sépulcre où il avait reçu cette belle raclée, Antoine alla s'enfermer vingt ans dans les ruines d'un vieux château, sans voir âme qui vive ; tous les six mois, on lui jetait quelques pains par-dessus les murs.

Là, il se battait tout le temps contre le diable.

Un beau jour, des gens se mirent en tête de le contempler malgré lui ; quand il vit qu'on défonçait sa porte, il se présenta à l'admiration populaire. Aussitôt des disciples s'établirent autour de son château.

Telle est l'origine des couvents.

Le cénobitisme se développa rapidement, on compta bientôt des camps de dix mille moines. Oxyrinque renfermait vingt mille vierges et dix mille solitaires. Deux vierges par solitaire. Les

vierges pullulaient en ce temps-là, et ce n'est
pas une des moindres merveilles de la légende.

Quand on voit le pauvre saint roué de coups
par le démon, on ne peut s'empêcher de le com-
parer au valeureux don Quichotte si maltraité
par les moulins à vent.

Le chevalier de la Triste Figure et saint Antoine sont frères, ce sont deux héros ridicules.

Présentement, saint Antoine jouit du don spécial de retrouver les objets égarés.

Quand on a perdu quelque chose (ceci ne
s'applique pas aux filles) le mieux est de pro-
mettre quelques sous à saint Antoine. Je connais
une dame dont le parapluie constitue un fonds
de rentes pour le cénobite ; elle ne s'arrête nulle
part sans égarer ce parapluie toujours perdu et
toujours retrouvé ; chacune de ses sorties rap-
porte à saint Antoine. Pour mon compte, quand
j'étais petit, j'ai déposé bien des sous dans le
tronc du bon saint; je vois encore le tronc surmonté d'un froc et d'une formidable barbe grise
tombant en cascade d'un capuchon. Naturellement, le seul être qu'il ait jugé digne de partager sa solitude, son ami à groin, l'accompagnait.

Pourquoi cette légende?

Probablement on adjoignit au cénobite un
cochon, comme symbole de la crasse monacale;
Antoine resta quarante ans sans laver son froc,
exemple de malpropreté fidèlement suivi par ses

disciples. Ceci admis, tout va de soi. Le cochon doué d'un odorat prodigieusement subtil — j'allais dire délicat — fouille partout et toujours... en fouillant partout et toujours on trouve bien des choses. De là, sans doute, le pouvoir particulier de saint Antoine relativement aux objets perdus.

> Alors ils prirent le cochon
> De ce bon saint Antoine,
> Et lui mettant un capuchon,
> Ils en firent un moine.
> Il n'y fallut que la façon,
> La faridondaine, la faridondon;
> Peut-être en avait-il l'esprit ?
> Biribi.

. . . .

. . . .

Pendant que les enfants rient et que les bonnes s'ébaubissent, rentré tranquillement chez moi, je feuillette un vieux cahier, dont les pages me reportent en pensée à la Martinique.

J'ai connu la Martinique avec ses esclaves, j'ai vu l'abolition de l'esclavage.

Je fus témoin du délire de Fort-de-France, quand on proclama le décret de l'émancipation, délire accompagné de manifestations idiotes ou enfantines. Les esclaves sont des enfants, et parfois méchants et cruels comme les enfants.

Je revois — et j'en souris encore — des nègres éteignant leurs longs cigares (appelés bouts de nègre), tout exprès pour me demander du feu en disant :

— Baou-moi (donne-moi) feu, citoyen.

Ils prononçaient *citouâïen* et ils en avaient plein la bouche.

Demander du feu à un blanc !... ils n'auraient pas osé la veille.

Je leur donnais du feu de bon cœur, fort amusé de cette petite comédie, répondant d'un ton grave :

— Avec bonheur, citoyen.

Les créoles, eux, ne trouvaient pas cela comique.

Les colons avaient les qualités et les défauts d'une aristocratie ignorante ; dans ces jours de troubles, ils montrèrent une bravoure à la hauteur de leur orgueil.

Le soir de l'émancipation, j'assistai à un spectacle féerique.

Un bamboula monstre avait été organisé.

Noirs, mulâtresses en atours se démenaient dans l'atmosphère rougeâtre de torches fumeuses.

Une gigantesque négresse, d'ailleurs jeune et belle, un vrai colosse que l'on aurait dit commandé pour la fête, toute habillée de blanc, littéralement chargée d'or — des centaines de filles de couleur peut-être lui avaient prêté des bijoux — portait un superbe drapeau de soie frangé d'or, soutenu par une large bandoulière tricolore en travers de son opulente poitrine.

Entourée de flambeaux, la géante noire dansait, commandant la cadence du geste et de la voix, réglant les battements réguliers du tam-tam et la psalmodie rythmée, courte et simple, accompagnement obligé de cette danse monotone qui entraîne peu à peu l'ivresse, puis la frénésie.

Vers minuit, toute cette noire population en démence, brandissait avec furie ses torches dans les ténèbres; un bal de l'enfer doit ressembler beaucoup à un tel bamboula.

On a dit et répété à satiété que l'abolition de l'esclavage avait ruiné les Antilles... Au lieu des *Antilles*, il eut été plus vrai, en tout cas, de dire l'aristocratie blanche.

Cette aristocratie, en réalité depuis longtemps ruinée, vivait de fictions; on n'en peut vivre toujours.

Il n'y avait pas un planteur — pas un, c'est trop dire, il y en avait deux, paraît-il — réellement propriétaire de son habitation à la Martinique. Toutes les sucreries étaient grevées de deux, trois fois leur valeur et au delà; si elles restaient entre les mains des blancs, c'était uniquement grâce à la loi qui interdisait l'expropriation dans les colonies. Le créancier avait prise seulement sur une fraction de la récolte.

Quant à la cause de cette détresse générale, elle se résume en deux mots : faste, paresse.

Faste et paresse, il n'en faut pas tant pour dévorer les fortunes. Beaucoup de planteurs habitaient Paris et laissaient leurs intérêts entre les mains de gérants infidèles ; partout la routine, compagne du monopole, le gaspillage et l'incurie présidaient aux exploitations.

L'aristocratie créole — que l'on appelait *les Antilles*, les esclaves ne comptant pour rien — n'existait qu'en vertu des plus absurdes préjugés, des plus injustes privilèges.

Ces deux rochers, Martinique et Guadeloupe, jouissant à peu près exclusivement du droit de sucrer la France, un beau jour les Français, très friands, ennuyés d'être si peu sucrés, inventèrent le sucre de betterave.

La question des sucres !... rien dans les temps modernes n'a tant fait travailler les cervelles. Que de discours à ce sujet !... Je vois encore une caricature du *Charivari* représentant le petit Thiers à la tribune agitant avec sa cuiller un verre d'eau sucrée et disant : « Messieurs, avant de traiter la question des sucres, pénétrons-nous bien de la matière... » Cette question, d'une simplicité limpide pour tout homme de bon sens, devint une vraie bouteille à l'encre, grâce à l'ignorance en matière économique qui a toujours caractérisé les Chambres françaises, sous ce rapport, trop fidèle représentation du pays.

Il me souvient encore de l'indignation risible avec laquelle un planteur parlait devant moi d'un orateur de l'époque, abolitionniste fervent.

— Oui, s'écriait-il écumant, je n'aurais pas hésité à lui dire : « Monsieur, vous êtes un betteravier.

Betteravier!.... pour un créole, c'était pis qu'un parricide.

Quelle pensée secrète pouvait pousser un homme à demander l'abolition de l'esclavage, sinon le désir de favoriser la betterave au détriment de la canne?... Tout possesseur d'esclaves ne sortait pas de là.

Pourquoi existait la France?... pour consommer le sucre de la Martinique; aux yeux d'un planteur, la France n'avait pas d'autre raison d'être.

La betterave, cet innocent légume, porta le premier coup aux monopoleurs.

La révolution de 1848 arriva et fit rentrer dans le droit commun la propriété coloniale; les planteurs, criblés de dettes, virent vendre leurs immeubles. Payer ses dettes!... cette pensée ne leur était jamais venue, aussi appelèrent-ils cette liquidation *ruiner le pays.*

L'État, disent les blancs, en émancipant les esclaves, n'en a pas remboursé la valeur intégrale aux possesseurs... c'est vrai, mais qu'importe?... Les créoles *devaient la valeur de leurs esclaves*, leurs créanciers ont été lésés, mais pas eux.

Il y eut pour le pays — *pour le pays* vraiment cette fois — une cause de misère momentanée.

Une récolte représentait une fraction considérable de la valeur d'une habitation. Il y eut un moment, à Bourbon, où un habile homme devait payer son habitation en trois ans.

Dans ces conditions, la perte d'une récolte c'est la ruine absolue; dans nos contrées à cultures variées, nous ne pouvons guère nous imaginer le désastre produit par la perte d'une récolte dans un pays à culture unique.

Or, quand le moment de la roulaison arriva, les noirs demandèrent fort naturellement un salaire. Avec quoi le propriétaire allait-il payer ses anciens esclaves? Il aurait fallu emprunter... mais emprunter sur quel gage?... il y avait pour gage unique une sucrerie ultra-hypothéquée.

Aussi les rares planteurs qui purent payer leurs ouvriers supportèrent-ils, sans trop souffrir, le choc de l'émancipation.

Mais, faute de main-d'œuvre, la plupart des cannes pourrirent sur pied.

D'une façon ou d'une autre, à un jour donné, le compte de toute institution injuste se solde par une catastrophe.

Avant la révolution de 1848, les profonds

politiques préposés aux destinées du pays s'é-
taient imaginés de fonder le développement de
notre commerce et de notre marine sur nos
échanges avec trois rochers, la Martinique, la
Guadeloupe, Bourbon, que nous appelions pompeusement nos colonies; car la Guyane et le
Sénégal produisaient encore moins.

Nos opinions sur cette matière ont un peu
changé sans s'améliorer beaucoup. Grâce à l'en-
seignement par l'État dont le soin est de nous apprendre exclusivement ce qui ne pourra jamais
nous servir, notre ineptie en matière commerciale nous classe à part; sous ce rapport, nous
n'avons pas de rivaux.

Maintenant qu'il nous a bien fallu renoncer
à l'espoir ingénu de baser notre richesse sur la
prospérité de deux ou trois volcans aux trois
quarts noyés dans la mer, qu'allons-nous bien
faire de la Martinique et de la Guadeloupe?

Avant de répondre à la question, posons d'a-
bord ce principe : si nous voulons fonder un
empire colonial ou seulement des établissements
sérieux sur la côte occidentale d'Afrique, nous
n'y parviendrons jamais avec des Européens. Il
y a pour cela une raison sans réplique : l'Européen ne peut vivre sur la côte d'Afrique.

La Martinique et la Guadeloupe, qui étouffent
inutilement aujourd'hui dans leur étroite ceinture, ont un noble rôle à jouer dans les destinées du monde.

Elles peuvent, en effet, contribuer pour une large part à cette grande entreprise : la civilisation de la côte occidentale d'Afrique.

Cette œuvre méritoire comprend la solution de questions très diverses : guerre, administration, exploitation industrielle et commerciale.

Il est insensé de combattre sur la côte d'Afrique avec des Européens ; nous y rencontrons deux ennemis devant lesquels la race blanche ne peut que mourir : un air empoisonné, un soleil implacable. Vouloir conquérir sur la côte africaine avec des blancs, c'est monter une expédition au pôle nord avec des nègres. L'armée destinée à fonder notre empire sur la côte occidentale d'Afrique doit se recruter à la Guadeloupe et à la Martinique.

Si la direction suprême doit toujours évidemment rester entre les mains de la métropole, nos moyens d'action doivent se puiser dans les Antilles.

Après y avoir recruté nos soldats et nos capitaines, nous trouverons aisément dans la population instruite des administrateurs.

Ces deux îles, et ces deux îles seules, fourniront les négociants qui, par un séjour prolongé ou même définitif dans le pays, pourront le guider dans la voie du développement moderne.

Renoncez à civiliser directement la côte occidentale d'Afrique, vous n'y réussirez jamais !

Mais avec les hommes de couleur de vos vieilles colonies, vous arriverez sans trop de peine à ce résultat.

La Réunion, la Martinique, la Guadeloupe doivent fournir le fond de notre armée coloniale et la plus grande partie de son état-major; il sera nécessaire d'y introduire un certain nombre de soldats tirés de la côte d'Afrique et des provinces de la Cochinchine française anciennement conquises.

Si nous voulons, à tort ou à raison — à tort, tel est mon humble avis — nous lancer dans la voie de l'empire colonial, il faut au moins tenter l'entreprise avec des chances de réussite. Eh bien! c'est au moyen de nos vieilles petites colonies, d'une part, et de la transportation pénitentiaire[1], de l'autre, que nous devons poursuivre ce but. Dans nos vieilles colonies, nous trouverons une semence toute prête à fructifier sur le continent africain. La métropole n'aura qu'à donner la direction, imprimer le mouvement... et *payer les frais.*

1. Nous ne devons reculer devant aucun sacrifice pour nous débarrasser de nos coquins et de nos coquines. La colonisation pénitentiaire est la seule colonisation raisonnable, pour une nation dont la population n'augmente pas. Mais avec la colonisation pénitentiaire, nous faisons d'une pierre deux coups :

1º Nous transportons ailleurs notre civilisation, notre génie, nous créons ces fameux *débouchés* que fait miroiter à nos yeux la *politique coloniale.*

2º Ce qui est plus positif, plus sûr et plus important, nous as-

La Martinique et la Guadeloupe, par leur position centrale dans les Antilles du Vent, sont comme les deux yeux de la France, tournés vers le nouveau monde.

Mais entre ces deux îles il existe une différence capitale : la Martinique, par son incomparable rade de Fort-de-France, est la perle des Petites Antilles.

La Martinique possède donc des avantages tout particuliers qui en font une position stratégique de premier ordre, digne de rivaliser avec les plus belles positions stratégiques des Anglais.

La Martinique est le centre naturel d'un grand système de paquebots rayonnant dans le golfe du Mexique.

C'est notre avant-garde militaire et commerciale du côté des deux Amériques.

La Martinique et Dakar sont les deux points d'appui de notre puissance dans l'Atlantique. Le premier de ces points est pour le nouveau continent ce que le second est pour le continent africain.

L'une de nos deux colonies des Antilles, grâce à sa rade — une rade vraiment magnifique, — est un instrument de guerre, l'autre ne l'est pas. L'une, pendant un conflit, peut jouer un rôle actif important; l'autre est condamnée à un rôle passif. Celle-ci ne peut contribuer en rien

sainissons le moral du pays, nous le purgeons des ferments de démoralisation les plus redoutables.

au résultat final de la guerre; celle-là peut y prendre une large part.

La Martinique possède un bassin.

Un bassin fait aujourd'hui partie de tout système de défense ou d'attaque sur mer.

Par la même raison, il faut, de toute nécessité, un bassin à Dakar.

Charbon, bassin, rade bien défendue, c'est l'outillage obligatoire de toute force navale.

Il y a là une question de dépenses.

Question d'argent... on en revient toujours là.

Comment faire pour assurer et accroître notre puissance militaire du côté du Nouveau Continent, sans augmentation de frais?

Il faut abandonner carrément la défense de la Guadeloupe et reporter sur la Martinique tout le budget militaire des deux colonies.

Si nous sommes vainqueurs (et peut-être devrons-nous à la Martinique quelques éléments de la victoire), on sera bien obligé de nous rendre la Guadeloupe dans le cas où elle aurait été prise.

Si nous sommes vaincus et que la Martinique ait pu se défendre, nous aurons chance de conserver la plus utile de nos colonies, au lieu de perdre les deux.

Quoi qu'il en soit, il faut prendre en sérieuse considération l'inégalité d'importance de ces deux îles, et surtout ne pas négliger, même au prix de grands sacrifices, de mettre l'admirable rade de Fort-de-France à l'abri de toute insulte.

LA MACHINE A VAPEUR

ÉQUATORIALE

24 décembre 1882

Nous voici de nouveau dans le Pot-au-noir, il n'a pas changé : chaleur étouffante, tension électrique insupportable; en attendant le tonnerre, l'orage et la bourrasque, calme de mort, épaisses nuées noires immobiles, on dirait une immense fumée, comme il en plane au-dessus d'une usine, quand l'air est au repos.

Et c'est bien, en effet, une immense usine à vapeur où s'élaborent tous les éléments de la vie et du mouvement à la surface de notre planète.

Quand on pénètre dans un de nos gigantesques ateliers modernes, ceux de nos ports de guerre par exemple, on est tout d'abord frappé de la diversité des machines en fonction : l'une scie, l'autre rabote, celle-ci perce, celle-là polit, une

cinquième lime, une sixième tourne, une septième coupe, la huitième fait office d'emporte-
pièce.... cela n'en finit pas. On reste ébahi devant
cette multiplicité de travaux accomplis sous
l'influence d'un agent invisible.

Cet agent invisible, c'est la machine à vapeur
extérieure au bâtiment qui met tout en branle.

Je dis machine à vapeur, parce qu'aujourd'hui
cet engin a détrôné tous les autres; il y a bien
des moulins à vent, on utilise quelques chu-
tes d'eau..... mais la machine à vapeur est
sans rivale, c'est la machine par excellence; et
quand on dit simplement *une machine*, c'est
toujours la machine à vapeur que l'on entend.

Nous croyons généralement l'emploi de la
vapeur moderne, la machine à vapeur est vieille
comme la terre elle-même; nous croyons l'avoir
inventée, elle fonctionne sous nos yeux depuis
l'origine des siècles. Elle est, sinon l'agent
universel, du moins le principal moteur de la
nature.

Maury a conçu les mouvements généraux de
l'atmosphère comme engendrés par la dilatation
de l'air sous les tropiques et par sa contraction
sous les pôles. L'expérience de Franklin
démontre l'exactitude de cette théorie. On sait
que Franklin, en promenant la flamme d'une
bougie le long des montants d'une porte de communication entre un appartement chaud et un
appartement froid, constata que l'air froid en-

trait dans la chambre chaude par le bas de la porte et que l'air chaud entrait dans la chambre froide par le haut. Les conclusions de Maury appuyées sur l'expérience de Franklin défient toute controverse.

Mais le grand météorologiste ne me semble pas avoir apprécié — au point même de l'avoir méconnu — un autre phénomène d'une importance capitale.

La terre, en effet, se présente à nous comme une immense machine à vapeur :

Le soleil est le combustible.

L'océan équatorial est le générateur, la chaudière.

Le pôle est le condenseur.

Tous les jours une immense quantité d'eau est vaporisée, tandis que le pôle reste à une très basse température.

Toute la vapeur formée à l'équateur se rend donc vers les pôles où elle est condensée, cette condensation produit un vide; il y a donc de l'équateur aux pôles un mouvement de vapeur constant, la quantité de vapeur formée à l'équateur se maintenant égale à la quantité de vapeur condensée aux pôles.

Deux machines se trouvent donc en concurrence à l'équateur pour l'emploi de l'énergie solaire :

1° La machine à air dilaté de Maury, ou machine Erickson;

2° La machine de Papin.

Je dis la machine de Papin parce qu'il s'agit d'une machine à très basse tension et qu'ici, comme dans la vieille machine à vapeur, la pression atmosphérique est le véritable agent. En effet, dans le principe, on ne concevait pas la vapeur comme destinée à agir par pression sur le piston, mais simplement à faire le vide sous le piston; un poids à l'extrémité d'un levier le soulevait, on introduisait la vapeur en dessous, puis on condensait, la pression atmosphérique en faisant baisser le piston produisait la puissance. Nous sommes si loin aujourd'hui de la machine de Newcomen, qu'il n'est peut-être pas inutile de rappeler ce fonctionnement primitif.

Des deux machines en présence à l'équateur, la machine à air dilaté, la machine à vapeur, laquelle est la plus puissante pour l'emploi de cette énergie solaire qui, en définitive, est l'agent de tout mouvement à la surface de la terre.

A priori, il me semble que le rôle de la machine à vapeur dans la nature doit être prépondérant.

Dans la pratique, nous avons dû renoncer à l'emploi de la machine à air dilaté, tandis que la machine à vapeur règne. Pourquoi?... Parce que le problème de l'emploi de la chaleur se pose sous cette forme : obtenir dans un corps la plus grande variation de volume pour la moindre dépense de chaleur.

Or l'action de la chaleur sur l'air ne donne que des changements de volume très restreints, le coefficient de dilatation des gaz étant minime. Au contraire, par l'action de la chaleur sur l'eau nous obtenons des changements d'état, puisque nous transformons le liquide en vapeur ou la vapeur en liquide, ce qui procure des variations de volume énormes.

En montant dans les froides régions supérieures, une partie de cette eau vaporisée sous l'équateur se condense et se résoud en pluie, cela est certain; mais notre assimilation de la région équatoriale à une chaudière et du pôle à un condenseur n'en reste pas moins l'énonciation d'un fait.

Par suite de l'évaporation intertropicale, il se produit dans ces parages un dénivellement; l'eau y baisse, mais la gravitation se charge de combler le vide en rappelant à l'équateur la vapeur condensée et amassée aux pôles sous forme de glace ou d'eau.

D'après Pouillet, chaque mètre carré normalement exposé aux rayons du soleil reçoit à Paris 10 calories par minute, ce qui correspond approximativement à un cheval-vapeur.

On peut juger par là de la puissance de la machine équatoriale.

Dans le Pot-au-noir, une partie de l'énergie solaire est employée à la dilatation de l'air, mais de beaucoup la plus grande partie de cette énergie est employée à la vaporisation de la mer.

Cette machine à vapeur va donc servir à la distribution, à l'emploi, à la métamorphose de cette énergie solaire qui est en définitive l'agent universel à la surface terrestre, elle la transformera en électricité, en mouvement. Elle transportera de la lumière aux pôles sous forme d'aurores boréales; son rôle est considérable pour le transport de la chaleur, car la vapeur partie de l'équateur qui retombe ailleurs sous forme de pluie, de grêle ou de neige, ne revêt cette forme qu'en dégageant de la chaleur.

Nous avons comparé l'action de l'énergie solaire sur l'océan intertropical à une machine à basse pression et à condensation; elle fonctionne, en effet, surtout par le vide, c'est essentiellement une machine pneumatique; cette machine pneumatique polaire attirera l'air de l'équateur, que la gravitation ramènera ensuite à son point de départ.

Que nous considérions la chute des pluies, neiges, grêles, le cours des fleuves, les courants océaniques, les dénudations de la surface terrestre, la marche des glaciers, les mouvements de l'atmosphère... la plupart des phénomènes accomplis à la surface de la terre nous apparaissent comme le produit du travail de la machine à vapeur équatoriale luttant sans cesse contre la gravitation.

PHÉNOMÈNE ÉTRANGE

28 décembre 1882, par 10° 30′ latitude Nord,
26° 30′ longitude Ouest.

Le ciel, qui était couvert depuis le coucher du soleil, commença à se dégager vers onze heures et demie du soir. Un quart d'heure après, il était complètement clair, excepté à l'horizon surmonté d'une bande brumeuse de trois à quatre degrés de hauteur. Un arc opalescent, orienté dans le méridien magnétique, traversait le ciel en passant à huit ou dix degrés du zénith ; ses deux extrémités disparaissaient au nord et au sud dans le banc de brume de l'horizon.

Cet arc, limité par deux demi-circonférences concentriques et distantes l'une de l'autre d'environ un diamètre de soleil, avait partout la teinte argentée de même intensité ; les bords en étaient si nettement dessinés qu'il était impossible de trouver la moindre bavure sur toute leur longueur. La lune, qui se trouvait à dix degrés environ de l'arc à l'apparition du phénomène, le coupa vers minuit et demi. A partir de ce moment, la bande lumineuse parut s'incliner un peu vers l'est en tournant autour de ses extrémités ; vers une heure, le ciel se couvrit et l'arc fut de nouveau caché par les nuages.

TABLE

Paris. — Imp. Vᵉ P. Larousse et Cⁱᵉ, rue Montparnasse, 19.